数字经济与高质量发展丛书

北京市属高校分类发展项目
"'两区'建设助力扩大开放，实现首都高质量发展"的资助成果

国有企业政治治理对董事会决策的影响研究

孔晓旭 ◎ 著

首都经济贸易大学出版社
Capital University of Economics and Business Press
·北京·

图书在版编目（CIP）数据

国有企业政治治理对董事会决策的影响研究/孔晓旭著.--北京：首都经济贸易大学出版社，2023.9
（数字经济与高质量发展丛书）
ISBN 978-7-5638-3558-4

Ⅰ．①国… Ⅱ．①孔… Ⅲ．①国有企业-政治工作-影响-董事会-决策-研究-中国 Ⅳ．①D412.62 ②F279.241

中国国家版本馆 CIP 数据核字（2023）第 142356 号

国有企业政治治理对董事会决策的影响研究
孔晓旭 著

责任编辑	晓　地
封面设计	砚祥志远·激光照排　TEL：010-65976003
出版发行	首都经济贸易大学出版社
地　　址	北京市朝阳区红庙（邮编100026）
电　　话	（010）65976483　65065761　65071505（传真）
网　　址	http：//www.sjmcb.com
E - mail	publish@cueb.edu.cn
经　　销	全国新华书店
照　　排	北京砚祥志远激光照排技术有限公司
印　　刷	北京九州迅驰传媒文化有限公司
成品尺寸	170 毫米×240 毫米　1/16
字　　数	206 千字
印　　张	13
版　　次	2023 年 9 月第 1 版　2023 年 9 月第 1 次印刷
书　　号	ISBN 978-7-5638-3558-4
定　　价	55.00 元

图书印装若有质量问题，本社负责调换
版权所有　侵权必究

前　言

本书是国家自然科学基金项目"党组织嵌入国有企业治理结构的微观机制及其治理效应"（批准号：72002141）的阶段性成果。

国有企业政治治理，是指党组织通过与董事会、监事会和经理层的"双向进入、交叉任职"和"讨论前置"的方式参与公司重大决策，从而形成一种有中国特色的国有企业内部的公司治理制度安排。新时期我国国有企业改革要求加强政治治理、改进法人治理结构和完善现代企业制度，在制度建设和公司治理实践方面，明确了国有企业党组织的领导核心与政治核心地位，即发挥"把方向、管大局和保落实"的重要作用，但由于我国国有企业面临来自政府和市场的双重约束，承担政治性和经济性的双重责任，政治治理和经济治理两种制度安排难以有效融合，党组织与其他公司治理主体协同发挥作用的机制有待进一步理顺。

基于此，本书围绕国有企业党组织和董事会"双向进入、交叉任职"这一重要的公司治理制度安排，将上市公司董事会决议公告的文本资料作为研究载体，通过董事会成员在历次董事会会议中的投票情况（同意、反对或弃权），主要考察四个问题：

第一，国有企业政治治理（党组织）与其他治理主体（行政治理、经济治理）的关系，国有企业内部多元制度逻辑的有机整合路径，以及国有企业政治治理与经济治理、行政治理的耦合治理框架。

第二，国有企业政治治理的微观作用机制，即对董事会决策过程的影响，根据是否有党组织身份背景，将董事会成员划分为政治型董事和经济型董事，考察政治型董事对董事会议案的异议行为，以及董事的政府背景、专业背景、实务工作经历等对其异议行为的影响。

第三，在企业层面考察国有企业党组织和董事会"双向进入、交叉任职"对董事会决策的影响，以及这种影响在不同公司治理情境下的差异。

第四，研究国有企业政治治理影响董事会决策的经济后果，即检验国有企业政治治理通过影响董事会决策进而影响企业价值的路径，以及地区市场化程度的调节效应。

研究发现：

第一，在我国国有企业政治治理与行政治理、经济治理的耦合治理框架中，应该以遵循市场规律的经济治理为基础，使政治治理起到领导核心和政治核心的作用，把党组织的政治优势转变成企业的核心竞争力，使行政治理依托国有资本授权经营体制发挥作用，改组和组建国有资本投资（运营）公司，从而能够让国有资本管理机构（国资委等）更好地履行出资人的职责，形成与国有企业之间以资本为纽带的协调机制。

第二，相比于经济型董事，政治型董事更不倾向于对董事会决议发表异议，但若政治型董事有较强的晋升动机、有财务或金融专业背景、有国有企业实务部门工作经验，则更可能提出异议。但是，有政府背景的董事则不太可能表达异议，而且政治型董事的异议倾向在不同议案类型中也有所不同，其基于政治逻辑和政治责任的考虑，倾向于对大规模投资、重大资产变动等可能造成国有资产流失的事项投反对票。

第三，国有企业党组织与董事会"交叉任职"，尤其是党委书记与董事长由同一人担任的情况下，能够为党组织真正发挥作用提供职务保障，便于实现政治职能与经济职能的有机融合，更大程度上发挥国有企业政治治理的优势，更可能出现董事会异议，而且这种影响受到企业业绩的负向调节和金字塔层级的正向调节；但在讨论前置实施后，党委会在经济决策之前进行政治把关，通过行使否决权阻止了一部分政治上存在问题的议案进入董事会决策流程，提高了决策效率，因而在董事会决策过程中异议意见减少。

第四，国有企业党组织参与公司治理，在党管干部原则下发挥监督管理者和制衡内部人控制的作用，而且可以将政治目标和社会目标内化到企业的经济目标中，影响董事会决策思维，增强决策的科学性和公司治理效果，最终提升企业价值。实证研究结果支持了国有企业政治治理对企业价值的正向影响,以及董事会异议的部分中介作用。研究还发现,国有企业所在地区的市场化程度会影响政治治理发挥作用,较高的市场化水平意味着更完善的产权保护制度,以及更高的契约执行程度,从而使党组织更好地发挥作用。

本书研究了国有企业政治治理的微观作用机制,即对董事会决策过程的影响,对于完善有中国特色的国有企业治理理论,探究政治治理与经济治理、行政治理如何有机融合具有重要意义,在实践中能够为国有企业政治治理发挥"把方向、管大局、保落实"的作用和为提升国有企业价值提供支持,将发挥国有企业党组织的政治引领作用落实到董事会决策过程中,为进一步深化国有企业改革提供借鉴。

目 录

1 绪论 ·· 1
   1.1 研究背景和研究意义 ··· 1
   1.2 研究内容和研究框架 ··· 4
   1.3 研究方法和创新之处 ··· 8

2 文献综述 ··· 11
   2.1 国有企业政治治理相关研究 ·· 11
   2.2 关于董事会决策的研究 ·· 26
   2.3 关于国有企业政治治理对董事会决策影响的研究 ············ 33
   2.4 文献评析 ··· 34

3 国有企业政治治理对董事会决策的影响：理论分析 ············· 36
   3.1 理论基础 ··· 36
   3.2 国有企业政治治理与经济治理、行政治理的耦合
        治理框架 ··· 39
   3.3 国有企业政治治理对董事会决策的影响：理论框架 ········ 44

4 国有企业政治治理对董事会决策的影响：以董事为样本 ······ 49
   4.1 研究假设 ··· 49
   4.2 模型、变量与数据 ·· 53

   4.3   实证分析结果 ………………………………………… 59
   4.4   稳健性检验 …………………………………………… 67
   4.5   本章小结 ……………………………………………… 71

5 国有企业政治治理对董事会决策的影响：以企业为样本 …… 73
   5.1   研究假设 ……………………………………………… 73
   5.2   模型、变量与数据 …………………………………… 76
   5.3   实证结果 ……………………………………………… 81
   5.4   稳健性检验 …………………………………………… 98
   5.5   进一步分组检验 ……………………………………… 111
   5.6   本章小结 ……………………………………………… 115

6 国有企业政治治理影响董事会决策的经济后果分析 ………… 117
   6.1   研究假设 ……………………………………………… 117
   6.2   模型、变量与数据 …………………………………… 121
   6.3   实证结果 ……………………………………………… 126
   6.4   稳健性检验 …………………………………………… 137
   6.5   进一步分组检验 ……………………………………… 149
   6.6   本章小结 ……………………………………………… 153

7 研究结论、政策建议与未来展望 ………………………………… 155
   7.1   研究结论 ……………………………………………… 155
   7.2   政策建议 ……………………………………………… 160
   7.3   未来展望 ……………………………………………… 161

参考文献 ………………………………………………………………… 163

附录 175

 附录1：Python 爬虫程序

   （用于从交易所网站下载董事会决议公告） 175

 附录2：正则表达式

   （用于筛选董事会决议中是否有董事异议） 193

1 绪 论

1.1 研究背景和研究意义

1.1.1 研究背景

党的十九大报告对新时期深化国有企业改革做出了系统的安排,为促进国有企业制度创新提供了根本遵循原则。新时期我国国有企业改革的一项重要任务就是改进法人治理结构和完善现代企业制度,根据《国务院办公厅关于进一步完善国有企业法人治理结构的指导意见》的要求,应该把党建工作总体要求纳入国有企业章程,明确党组织在国有企业中的领导核心和政治核心地位,这也是国有企业法人治理结构的有机组成部分。2016年10月,在全国国有企业党的建设工作会议上,习近平总书记提出了两个"一以贯之"的原则;2017年10月修订的《中国共产党章程》明确指出,"把方向、管大局、保落实"是国有企业党组织的重要职能。此外根据"党建工作要求进章程"的规定,明确了党组织在国有企业中发挥作用的方式和权利范围,把党组织的研究和讨论作为企业重大问题决策的前置程序(即"讨论前置")。截至2018年底,我国90%以上的国有企业都建立了党组织。

党组织参与国有企业治理,是一种有中国特色的国有企业内部的公司治理制度安排,即国有企业政治治理(邱宝林,2017)。正如市场经济不是资本主义所特有的,分权和制衡也不是西方民主制度所特有的(姚洋和席天扬,2018),所有权与控制权分离的"英美模式",利益相关者参与公司治理的"德日模式",都是基于国家政治经济发展特点不断演化而形成的公司治理体系,能够和这个国家的市场特点、制度环境和社会传统相协调(郑寰和祝军,

2018）。因此，要敢于打破西方国家公司治理模式的思想束缚，探索建立中国特色现代国有企业治理模式，在明确和落实党组织的法定地位的前提下，把提升董事会治理有效性作为国有企业治理改革的核心主题（孙文，2018）。

我国国有企业政治治理是伴随经济体制改革和国有企业改革不断发展的，具有深厚的历史渊源（黄群慧和崔建民，2018），国有企业党组织的领导核心和政治核心地位具有坚实的法理基础（陈仕华和卢昌崇，2014）。《中华人民共和国宪法》《中华人民共和国公司法》《中国共产党章程》《中国共产党党组工作条例》等都规定了国有企业党组织具有参与公司治理的主体资格。国有企业在推进新中国成立后的快速工业化和改革开放以来的经济快速发展方面发挥了巨大的作用（经济合作与发展组织，2016），在我国国有企业改革和公司治理实践中，曾经实行过的"党委领导下的厂长负责制"和"联合委员会领导下的厂长负责制"，以及目前仍在实行的"党建工作要求进章程"、"双向进入、交叉任职"，重大经营决策事项"讨论前置"等，都是对国有企业政治治理的有益探索，对推进我国国有企业改革和发展起到了至关重要的作用（黄群慧，2015）。但是，由于我国国有企业面临来自政府和市场的双重约束，承担政治性和经济性的双重责任，政治治理和经济治理两种制度安排难以有效融合，党组织如何与其他公司治理主体协同发挥作用有待进一步探讨，现有文献在研究国有企业政治治理的作用和影响时，主要关注的是政治治理对公司治理结果层面变量（如代理成本、投资效率、企业价值等）的影响，缺乏对政治治理的微观作用机制的深入研究。

在国有企业内部，党组织是政治的核心，而董事会是经营决策的核心，在所有权职能与国有企业管理层之间起到中间层效应（经济合作与发展组织，2018），二者都能够对重大经营事项进行决策，而且都遵循少数服从多数的原则，这为国有企业政治治理提供了重要的组织基础（马连福等，2012）。此外，2004年上海证券交易所（简称"上交所"）和深圳证券交易（简称"深交所"）所都修订了《股票上市规则》，要求上市公司将董事会决议公告作为强制披露事项，包括具体决议事项和所有董事的投票表决详情①，这为打开

---

① 《上海证券交易所股票上市规则（2004年修订）》和《深圳证券交易所股票上市规则（2004年修订）》规定：董事对董事会会议的议案可以表示"同意"、"反对"或"弃权"（包括无法发表意见），表示反对和弃权的董事，需要说明具体理由并记载于会议记录。

董事会决策的"黑箱",研究董事会决策过程和董事投票行为提供了途径(叶康涛等,2011)。

基于以上背景,本书选取极具中国特色的国有企业政治治理作为研究起点,从理论上探讨国有企业政治治理与经济治理、行政治理的耦合治理框架,实证研究中将上市公司董事会决议公告的文本资料作为研究载体,通过董事会成员在历次董事会会议中的投票情况(同意、反对、弃权),考察国有企业政治治理对董事会决策的影响机制。

1.1.2 研究意义

本书研究国有企业政治治理对董事会决策的影响机制,对于构建有中国特色的管理理论,巩固国有企业内部党组织的领导地位,建立国有企业政治治理与法人治理结构有效融合的公司治理机制具有重要意义,是建立和完善中国特色社会主义市场经济体系的有机组成部分。

理论意义体现在三个方面:

第一,研究国有企业政治治理与其他公司治理主体协同发挥作用的机制,探讨重大决策问题"讨论前置"和"双向进入、交叉任职"是如何影响董事会决策过程的,有助于完善有中国特色的国有企业治理理论。

第二,基于董事会决议公告的文本资料,考察董事会决策过程,实证检验国有企业政治治理对董事会决策过程的影响,以及对企业价值的影响,有助于厘清国有企业政治治理发挥作用的中介机制和不同情境下的复杂影响机制。

第三,不同于以往研究关注独立董事在董事会决策中的投票行为,本书考察有党组织身份背景的董事(政治型董事)对董事会决议的投票表决行为,检验其与经济型董事的决策行为是否存在显著差异,从而评估国有企业政治治理能否优化公司治理环境和治理机制,以及是否在董事会决策过程中发挥了重要作用,这在一定程度上丰富了对董事会决策过程中董事异议行为影响因素的相关研究。

实践意义:新时期要做强做优做大国有企业,必须完善政治治理,加强党对国有企业的领导。本书的研究能够为新时期深化国有企业改革、完善国有企业法人治理结构、推动国有企业做强做优做大提供经验支持。也就是说，国有企业党组织以"双向进入、交叉任职"和"讨论前置"的方式参与董事会治理，能够提升董事会决策的科学性，将国有企业党组织的政治引领作用落实到董事会决策过程中。以管资本为主推进国有资本授权经营体制建设，国家不再直接干预国有企业，而是以股东的身份履行出资人的监管职责，从而在所有权和经营权分离的情况下，实现对国家所有者权益的保护，最大限度地赋予企业经营自主权，但同时加强党组织的嵌入。

1.2 研究内容和研究框架

1.2.1 研究内容

本书系统地梳理了国内外学者围绕国有企业政治治理、董事会决策、政治治理对董事会决策的影响等主题开展的理论和实证研究成果，总结之前学者的研究取得的成就与尚存的不足，确定研究起点和可能的边际贡献。

拟解决的关键问题有：

第一，研究国有企业政治治理如何与其他公司治理主体有效融合，从而促进国有企业发展，即构建国有企业政治治理与经济治理、行政治理的耦合治理框架。

第二，在董事层面，研究国有企业董事会成员的党组织身份背景对其在董事会决议中投票表决行为的影响，即检验政治型董事与经济型董事的决策行为是否存在显著差异。

第三，在企业层面，研究国有企业党组织与董事会"双向进入、交叉任职"对董事会决策过程的影响。

第四，研究国有企业政治治理发挥作用的机制，包括中介机制和不同情境下的复杂影响机制。

具体研究内容和章节安排如下：

第1章为绪论。通过对我国国有企业政治治理和董事会决策相关研究背景的描述，引出本书核心研究问题——国有企业政治治理对董事会决策的影响，并阐述研究意义，介绍研究内容、研究框架、研究方法和本书的创新之处。

第 2 章为文献综述。在系统评述国内外学者对国有企业政治治理、董事会决策，以及二者之间关系的研究成果，总结归纳已有研究的不足，并结合我国国有企业法人治理结构的实际情况，深化本土化的思考和研究，进而延伸出研究起点。

第 3 章为国有企业政治治理对董事会决策的影响：理论分析。介绍与本书研究主题相关的经典理论，如利益相关者理论、高阶理论、制度逻辑理论等；构建国有企业政治治理与经济治理、行政治理的耦合治理框架；阐述国有企业政治治理通过影响董事会决策过程，进而影响企业价值的路径，探索具有中国特色的国有企业治理理论。

第 4 章为国有企业政治治理对董事会决策的影响：以董事为样本。以 2005—2017 年沪深两市 A 股上市公司的历次董事会决议文本资料为基础数据来源，提取董事会成员投票信息，做成指标，研究政治型董事对董事会决策过程的影响。借鉴叶康涛等（2011）、祝继高等（2015）、姜等（Jiang et al., 2016）的研究设计，利用"公司-年度-董事-议案"的数据结构进行分析，可以研究同一议案上不同董事的投票行为差异，相当于根据公司特征和议案特征构造配对的样本，从而能够一定程度上解决以往研究中常见的遗漏变量和内生性问题。另外从 CSMAR 数据库获取董事背景资料数据，在董事层面实证检验国有企业政治治理对董事会决策的影响，主要考察政治型董事对董事会议案的异议行为，以及董事的政府背景、专业背景、实务工作经历等对其异议行为的影响。

第 5 章为国有企业政治治理对董事会决策的影响：以企业为样本。我国国有企业政治治理的典型表现是党组织和董事会、监事会、经理层的"双向进入、交叉任职"，政治型董事和经济型董事共同参与国有企业董事会决策，肩负不同的责任使命以及不同的身份特征导致这两种类型的董事在面对相同的董事会决议事项时可能有不同的决策行为。本部分在企业层面实证检验国有企业"双向进入、交叉任职"对董事会决策的影响。

第6章为国有企业政治治理影响董事会决策的经济后果分析。通过建立计量模型，实证检验我国国有企业政治治理发挥作用的机制，包括董事会决策在国有企业政治治理与企业价值之间的中介效应的检验，以及对国有企业所处地区的市场化情况、上市公司与控股股东之间的金字塔层级的调节效应的检验。

第7章为研究结论、政策建议与未来展望。根据前文的分析得出主要研究结论，为新时期深化我国国有企业改革和完善法人治理结构提供政策建议，进一步提出对未来的展望。

1.2.2 研究框架

本书以新时期我国国有企业改革要求加强政治治理、建立和完善法人治理结构为研究背景，围绕国有企业内部党组织与董事会"双向进入、交叉任职"这一重要的公司治理制度安排，利用2005—2017年我国A股国有上市公司（非金融类）对外公布的董事会决议公告，按照"问题提出—文献综述—理论分析—实证分析—研究结论"的研究思路，构建我国国有企业政治治理与经济治理、行政治理的耦合治理框架，分析国有企业政治治理对董事会决策过程的影响，以及进一步对国有企业价值的影响。具体研究思路如下：

第一，根据新时期深化国有企业改革背景下加强政治治理、确立党组织的领导核心和政治核心地位的要求，亟待研究党组织嵌入公司治理对国有企业决策的具体影响，提炼出本书的核心研究问题：国有企业政治治理对董事会决策的影响机制。

第二，进行理论分析，构建本书的理论框架。总结归纳现有理论在我国国有企业治理中的适用性，研究如何建立和完善国有企业政治治理与法人治理结构有效融合发展的体制与机制问题。

第三，结合上市公司董事会决议公告的文本信息资料，分别以董事为样本和以企业为样本建立实证模型，检验国有企业党组织的主要成员以"双向进入、交叉任职"方式进入董事会后，对董事会决策的影响。

第四，实证检验董事会决策在国有企业政治治理影响企业价值过程中的

1 绪 论

中介作用,以及地区市场化程度和金字塔层级的调节效应。

研究框架如图1-1所示。

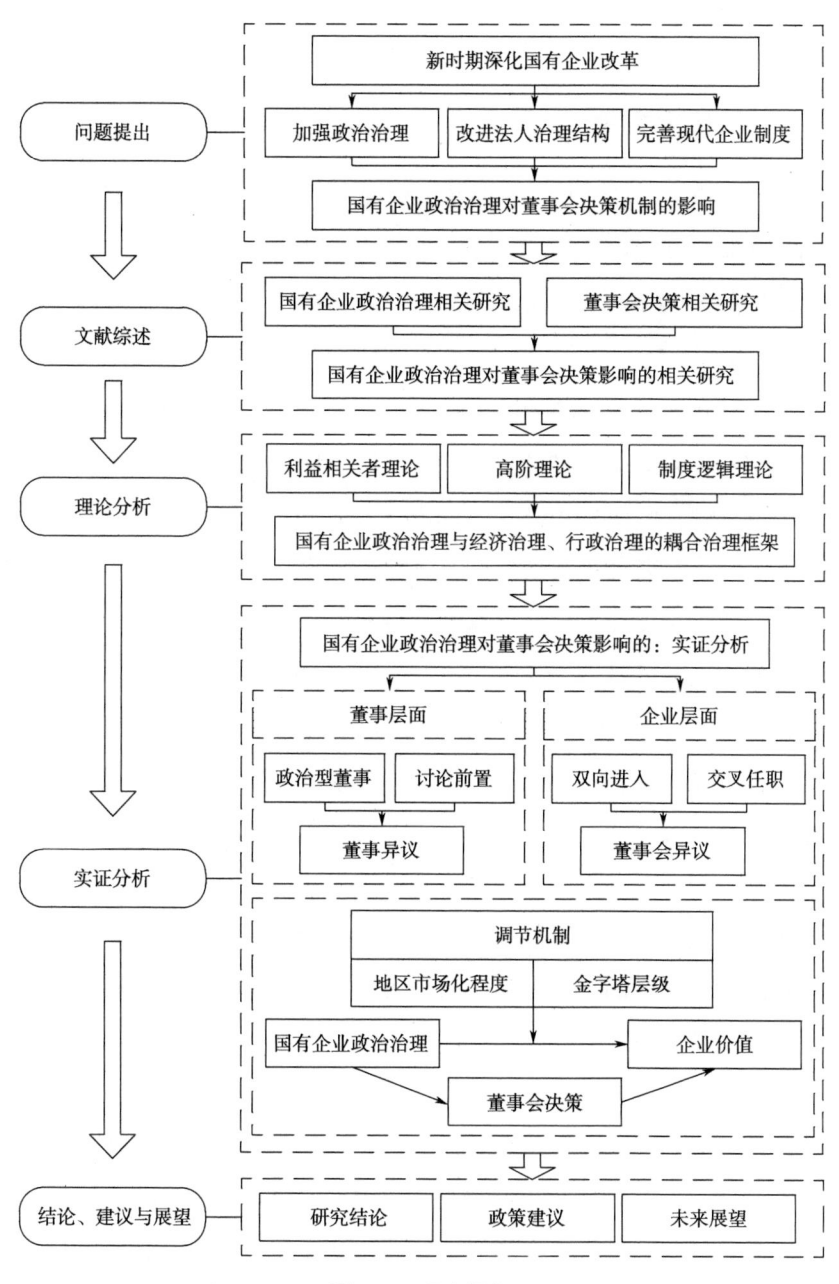

图 1-1 研究框架

1.3 研究方法和创新之处

1.3.1 研究方法

围绕核心研究主题"国有企业政治治理对董事会决策的影响机制",本书综合运用文献分析法、文本分析法,以及面板数据 Logit 模型、处理效应模型、扩展回归模型等实证研究方法展开系统的研究。

1.3.1.1 文献分析法

根据国家相关部门出台的法规、政策等有关国有企业政治治理的规定,总结我国国有企业政治治理的发展历程;围绕国有企业政治治理、董事会决策相关研究主题,收集国内外学者的专著和期刊论文,对文献进行整理、归纳和总结,为本研究奠定基础。将经典管理理论(如利益相关者理论、高阶理论、制度逻辑理论等)的研究成果进行必要的整合和扩展,用于构建本书的理论框架。

1.3.1.2 文本分析法

2005 年以来,国有上市公司在上交所、深交所网站发布董事会决议公告 4 万多份,均为 PDF 或 TXT 文本格式的文件,需要手动汇总董事会决议公告的文本资料。借助 Python 以爬虫的方式获取上市公司的董事会决议公告,再编写正则表达式筛选出有董事投反对票或弃权票的董事会决议,并手动整理出每个董事会成员对同一家公司、同一时间、同一个董事会议案的具体投票情况,作为基础数据。

1.3.1.3 统计分析法

主要用到的实证研究方法有:面板数据 Logit 模型、处理效应模型、扩展回归模型等。实证研究过程中遵循"问题提出—研究假设—模型设定—数据收集—参数估计—假设检验"的研究路径。描述性统计分析被用于描述现象和数据,相关分析被用于刻画变量间的相关关系,面板数据 Logit 模型被用于在董事层面检验国有企业政治治理对董事决策的影响，处理效应模型和扩展回归模型被应用于在企业层面检验国有企业政治治理对董事会决策的影响，以及对国有企业政治治理影响企业价值的中介机制（董事会决策）和调节机制（地区市场化水平和金字塔层级）的实证检验。

1.3.2 创新之处

基于利益相关者理论、高阶理论、制度逻辑理论等，探讨国有企业党组织与其他公司治理主体如何有效融合共同发挥作用，构建国有企业政治治理与经济治理、行政治理的耦合治理框架，实证研究主要基于董事会决议的文本信息，提取董事会投票信息做成指标，检验国有企业政治治理对董事会决策的影响。创新之处体现在四个方面。

第一，拓展了国有企业政治治理的理论研究。我国国有企业政治治理在发展过程中逐步制度化、规范化，学者们对于国有企业党组织参与公司治理的方式和效果进行了积极探索，但缺乏关于国有企业政治治理顶层设计的理论研究。本书构建了一个国有企业政治治理与经济治理、行政治理的耦合治理框架，探讨政治治理如何融入法人治理结构并发挥积极的作用，在一定程度上拓展了关于国有企业政治治理的理论研究。

第二，丰富了国有企业政治治理发挥作用的机制研究。现有研究只从结果层面关注国有企业政治治理对企业价值的直接影响，缺乏对作用机制的研究和探讨。本书基于董事会决议公告探讨国有企业政治治理对董事会决策的影响机制，打开了党组织嵌入国有企业法人治理结构、通过参与董事会决策发挥作用的"黑箱"；在研究国有企业政治治理影响董事会决策的经济后果时，检验了国有企业政治治理通过影响董事会决策进而影响企业价值的路径，考察了董事会决策的中介效应，而且对企业外部和内部调节机制进行研究，丰富了国有企业政治治理发挥作用的机制研究，为国有企业政治治理发挥作用的情境因素研究提供了一个很好的分析视角。

第三，丰富了对董事会异议的前因变量的研究。已有文献关于董事会决策过程的研究多以独立董事为对象，考察其在董事会决议中发表异议的影响因素，尚没有实证研究董事的党组织身份背景对其投票行为影响的成果。本书按照是否有党组织身份,将董事会成员划分为政治型董事和经济型董事,研究政治型董事是否因肩负不同的使命和责任而在投票行为上与经济型董事存在显著的差异,丰富了对董事会异议的前因变量的研究。

第四,更好地控制了内生性对结果的影响。本书在研究方法方面,充分重视以往研究中被忽略或重视程度不足的内生性问题。一方面以企业内样本配对的方法,考察不同类型董事(政治型董事和经济型董事)对同一个企业的同一个董事会议案的投票差异,最大限度地控制了行业因素、企业因素和议案因素对不同类型董事决策行为差异的影响;另一方面将扩展回归模型应用到国有企业政治治理对董事会决策和企业价值影响的实证研究中,扩展回归模型能够同时包含解释变量的内生性模型和处理效应模型,兼顾到政治治理在不同行业、不同级别国有企业之间的差异。

2 文献综述

2.1 国有企业政治治理相关研究

2.1.1 政治治理概念界定和测度

政治治理区别于政治关联和政府干预，是指企业内部党组织的治理。政治关联和政府干预一般指外部力量对企业内部治理的影响，如董事长、总经理等公司高管在人大、政协或其他政府部门任职，为企业带来资源优势，或者国资委委派官员到国有企业内任职等，而以党组织参与公司治理为代表的政治治理是公司内部的治理。常和王（Chang and Wong, 2004）在考察公司党委书记的存在和权力时，使用了"政治控制（political control）"的概念，认为党组织是中国上市公司面临的国有控股股东、政府部门以外的第三种政治控制。萨万特（Sawant, 2012）将政治治理视为企业的一种政治行为，是用于降低交易成本的一种公司治理选择。雷海民等（2012）将公司政治治理界定为嵌入企业政治行为的公司治理，在中国情境下具有更清晰的内涵，即通过党委书记或党委副书记与其他高管之间的职位配置形成一种政治与制度安排，从而有效融合党（党组织）、政（治理层和管理层）两种重要力量，实现公司治理和企业微观政治行为的有机结合。程博和王菁（2014）、程博等（2015）将企业基层党组织（党委书记）参与公司治理的制度安排称为公司政治治理，熊婷等（2015）进一步将政治治理分为党委书记兼任董事长或总经理、党委书记兼任董事或副总经理、党委书记或党委副书记兼任监事会主席。党组织参与国有企业治理兼具历史正当性、政治正当性和法律正当性（钟原，2018）。马连福等（2012）从党委会的地位和职能的视角阐述了党组织参与公司治理的合理性：《中华人民共和国宪法》、《中华人民共和国公司法》及《中国共产党章程》等都明确了国有企业党委会是公司的治理主体，是政治核心，发挥"把关定向"的作用，具有监督公司治理层和管理层的职能，党、政（治理层与管理层）重合的空间使得党组织能够以"双向进入、交叉任职"和"双肩挑"的形式参与公司治理，并将政治目标和社会目标内化到公司的重大经营决策中。马连福等（2013）、王元芳和马连福（2014）重点研究了"双向进入、交叉任职"如何在国有企业董事会和监事会中发挥作用。邱宝林（2017）指出："国有企业政治治理的宗旨是将加强党的领导和完善公司治理统一起来，核心要义是把党的领导融入公司治理各环节，把企业党组织内嵌到公司治理结构之中，明确和落实党组织的法定地位。"但是在实践中，由于对"双向进入、交叉任职"这一领导体制的执行程度不同，不同国有企业在政治治理效果上存在着显著的差异（程博等，2017；陈仕华和卢昌崇，2014）。政治治理的概念界定见表2-1。

表2-1 政治治理的概念界定

代表文献	概念界定
张介和黄曼丽（2004）	党组织是中国上市公司面临的国有控股股东、政府部门以外的第三种政治干预力量
萨万特（2012）	企业政治活动是内部化的替代品，能够降低交易成本，帮助理解公司治理选择
雷海民等（2012）	公司政治治理是嵌入企业政治行为的公司治理，是通过党、政之间的职位配置形成的一种制度安排
程博和王菁（2014）程博等（2015）	公司政治治理是指基层党组织（党委书记）参与公司治理的制度安排
熊婷等（2015）	将政治治理进一步细分为党委书记兼任董事长或总经理、党委书记兼任董事或副总经理、党委书记或党委副书记兼任监事会主席等
马连福等（2012）马连福等（2013）王元芳和马连福（2014）	国有企业党组织参与公司治理的行为，党委会参与公司治理的程度，具体为"双向进入、交叉任职"

续表

代表文献	概念界定
陈仕华和卢昌崇（2014）	国有企业党组织成员参与董事会或监事会治理
程博等（2017）	国有企业党组织主要通过"双向进入、交叉任职"的方式参与公司经营与治理决策，是我国特有的制度安排
邱宝林（2017）	国有企业政治治理是指国有企业在党的领导下，以权力治理为核心，推进公司治理的全过程（以董事会建设为重点）的制度安排

综合相关学者的已有研究，结合我国国有企业的公司治理实践，本书对国有企业政治治理的界定是：国有企业政治治理是指在国有企业内部，通过党组织与董事会、监事会和经理层的"双向进入、交叉任职"，参与公司决策，以及三重一大事项"讨论前置"制度，形成一种有中国特色的国有企业内部的公司治理制度安排。其中，党组织成员包括党组/党委/党支部书记、党组/党委/党支部副书记、党组/党委/党支部委员，董事会成员包括董事长、副董事长、董事，监事会成员包括监事会主席、监事会副主席、监事，经理层成员包括总经理、副总经理。

国有企业政治治理的具体形式有两种，分别是党组织内嵌于公司治理结构和党组织内嵌到公司治理结构。在党组织内嵌于公司治理结构的政治治理模式下，保持国有企业内原有的公司治理结构不变，党组织成员依照法定程序，以"双向进入、交叉任职"的方式参与董事会、监事会和经理层的工作；在党组织内嵌到公司治理结构的政治治理模式下，通过修改公司章程，在国有企业内原有的公司治理结构上增加一层——"党委会"，以制度的形式确立党组织的权责范围和具体工作程序，理顺不同公司治理主体之间的关系，以确保"四会一层"（党委会、股东会、董事会、监事会、经理层）的新型公司治理体系能够平稳有效地运行（马连福和王佳宁，2016）。

需要说明的是，国有企业内部的政治治理并不违背市场规律，也不代表政府干预，党组织作为国有企业内部的一个重要利益相关者，代表国家意志，发挥把方向、管大局、保落实的重要作用。具体而言，把方向是指保证国有企业政治方向的正确；管大局是指突出国有企业服务国家发展战略的职能；

保落实是指确保国有企业能够贯彻党的路线、方针、政策，进而实现特定的功能和目标。根据《中共中央国务院关于深化国有企业改革的指导意见》《国务院办公厅关于进一步完善国有企业法人治理结构的指导意见》，国有企业要建立和完善法人治理结构。党组织是国有企业内部的重要主体，其参与公司治理能够把加强党的领导和完善公司治理统一起来。

关于政治治理的衡量和测度，有三种常用的方法。

第一种方法是基于对典型企业的访谈或调研结果进行定性描述。娄杰（1996）、王世谊（2011）分别基于对上海汽车工业（集团）总公司、江苏部分国有企业的调研资料，阐述了党组织的政治核心作用；高明华等（2014）调研了七家国有企业，发现党委会通过与董事会的职务交叉参与公司决策，互相协调，不存在矛盾冲突；蓝翔（2015）以地大出版社为例，探讨了国有企业党组织在企业法人治理中的政治核心作用；段成钢（2016）总结了四种党组织嵌入国有混合所有制企业治理结构的路径，分别是：党委书记兼任董事长、党委副书记兼任总经理、党委书记兼任监事会主席以及党委书记兼任董事、监事或经理层成员；周鹤龄等（2017）结合上海国企改革的实践探索，总结了"双向进入、交叉任职"体制的建立与实施过程。

第二种方法是基于问卷调查法获取数据，考察党组织相对于大股东或管理层的权力指数。常和王（Chang and Wong，2004）采用 Likert 5 点量表设计调查问卷，让被调查者评判大股东、管理层和党组织在 63 个重要决策问题上的涉入程度，据此判断党组织参与公司治理的程度。

第三种方法是基于沪深两市 A 股上市公司的公开数据，测度党组织与董事会、监事会、经理层的"双向进入、交叉任职"程度，对"双向进入"的测度包括两个方面：一方面是测度党组织成员是否与董事会、监事会、经理层成员有重合（熊婷等，2015；陈仕华和卢昌崇，2014；黄文锋等，2017）；另一方面是测度重合人数或重合人数占董事会、监事会、经理层人数的比重（马连福等，2012；马连福等，2013；王元芳和马连福，2014），对"交叉任职"的测度是看党委书记或党委副书记是否兼任董事长、副董事长、监事会主席、监事会副主席、总经理或副总经理（程博和王菁，2014；马连福等，2012；王元芳和马连福，2014；程博等，2017），既有对两职合一的测度，也有对三职合一的测度（雷海民等，2012）。政治治理的测度方法汇总见表 2-2。

表 2-2 政治治理的测度方法

代表文献	测度方法
高明华等（2014）	走访和调研七家国有企业，发现党委会通过与董事会的职务交叉参与公司决策，互相协调，不存在矛盾冲突
蓝翔（2015）	以地大出版社为例，探讨国有企业党组织在企业法人治理中的政治核心作用
段成钢（2016）	党组织嵌入国有混合所有制企业治理结构的路径通常是党委书记兼任董事长，此外还有党委副书记兼任总经理、党委书记兼任监事会主席以及党委书记兼任董事、监事或经理层成员
周鹤龄等（2017）	结合上海国企改革的实践探索，总结了"双向进入、交叉任职"体制的建立与实施过程
张介和黄曼丽（2004）	党组织相对于大股东或管理层的权力指数：通过问卷调查方式，让调查者以5点量表方式评判大股东、管理层和党组织在63个重要决策问题上的涉入程度，据此判断党组织的治理涉入程度
陈仕华和卢昌崇（2014）	党组织是否参与治理（兼任董事会、监事会或管理层成员），是为1，否为0
熊婷等（2015）	党委书记兼任董事长、董事、总经理、副总经理，或党委书记（党委副书记）兼任监事会主席（或监事长），是为1，否为0
程博和王菁（2014）	若党委书记兼任董事长、总经理、董事、副总经理、监事会主席职务之一，是为1，否为0； 党委书记兼任董事长或总经理，是为1，否为0； 党委书记兼任董事或副总经理，是为1，否为0； 党委书记兼任监事会主席，是为1，否为0
程博等（2017）	党委书记兼任公司董事长或总经理，是为1，否为0
雷海民等（2012）	党企联系变量：企业党委书记兼任董事长或总经理，是为1，否为0； 职合一变量：董事长和总经理（CEO）由一人担任，是为1，否为0

续表

代表文献	测度方法
马连福等（2012） 马连福等（2013） 王元芳和马连福（2014）	双向进入：党委会与董事会、监事会、管理层重合的人数除以董事会、监事会和管理层的人数； 交叉任职：党委书记是否是董事长、党委副书记是否是董事长、监事会主席或总经理
黄文锋等（2017）	以党组织成员是否兼任董事会成员为指标，是为1，否为0

2.1.2 政治治理的发展历程

我国国有企业政治治理的制度安排在计划经济时期就有所体现（戴思厚，1996；张蔚萍，1999），随着国有企业改革的深化，党组织在国有企业中的政治核心地位逐渐明晰，党组织参与国有企业治理的方式也以"双向进入、交叉任职"的方式得以明确。本节归纳总结了我国国有企业政治治理的发展历程，如表2-3所示。

表2-3 我国国有企业政治治理的发展历程

时间	发展阶段	政策要点
1949—1978年	国有企业政治治理的萌芽阶段	• 1950年，实施工厂管理委员会制度 • 1954年，在全国范围内推行厂长负责制 • 1956年，实施党委领导下的厂长负责制
1978—1992年	国有企业政治治理的探索阶段	• 1980年，联合委员会领导和监督下的厂长负责制 • 1988年，七届全国人大审议通过《全民所有制工业企业法》，赋予厂长负责制法定地位
1992—1999年	国有企业政治治理的确立阶段	• 1993年，《公司法》确立了党对国有企业的监督职能，以及党组织对国有企业人事和"三重一大"事项的决策权 • 1997年，《中共中央关于进一步加强和改进国有企业党的建设工作的通知》进一步细化了党组织参与国有企业重大问题决策的内容、途径和方法

续表

时间	发展阶段	政策要点
1999—2016年	国有企业政治治理的强化阶段	• 1999年,《中共中央关于国有企业改革和发展若干重大问题的决定》,明确了党组织参与国有企业治理的具体形式——双向进入、交叉任职 • 2002年、2007年、2012年,《中国共产党章程》修订,保留了党组织在国有企业和集体企业中的政治核心地位,以及参与企业重大问题决策的权利 • 2005年,《中华人民共和国公司法》明确,在公司中根据中国共产党章程的规定,设立中国共产党的组织,开展党的活动。公司应当为党组织的活动提供必要条件
2016年至今	国有企业政治治理的深入阶段	• 2016年,在全国国有企业党的建设工作会议上,习近平总书记明确提出要建立中国特色现代国有企业制度,把党的领导融入公司治理各环节,把企业党组织内嵌到公司治理结构之中,明确和落实党组织在公司法人治理结构中的法定地位 • 2017年,《关于进一步完善国有企业法人治理结构的指导意见》,明确了党组织在国有企业中的领导核心和政治核心地位,以及"把方向、管大局、保落实"的重要职能 • 2017年9月,党的十九大对党章进行了修订,正式将国有企业党组织发挥政治核心作用修改为发挥领导作用 • 2019年,中共中央印发《中国共产党国有企业基层组织工作条例(试行)》,对国有企业党组织工作做出整体设计和全面规范,要求将党建工作写入公司章程,写明党组织的职责权限、机构设置、运行机制、基础保障等重要事项,是新时代加强国有企业党的建设的基本遵循 • 2020年12月,国务院国资委与财政部联合发布的《国有企业公司章程制定管理办法》中明确国有企业公司章程的制定管理要坚持"党的全面领导"。至此,党组织在国有企业公司治理中的定位成为全面领导

续表

时间	发展阶段	政策要点
2016年至今	国有企业政治治理的深入阶段	• 2021年，中共中央印发《中国共产党组织工作条例》，对党的组织工作做出全面规范。同年，中共中央先后印发《关于中央企业在完善公司治理中加强党的领导的意见》《中国共产党组织工作条例》，指出中央企业党委（党组）是党的组织体系重要组成部分，在公司治理结构中具有法定地位，在企业发挥把方向、管大局、促落实的领导作用，明确了中央企业党委（党组）在决策、执行、监督等各环节的权责和工作方式 • 2022年，党的二十大报告明确指出要全面加强党的领导，确保党发挥总揽全局、协调各方的领导核心作用 • 2023年，中共中央印发《中央党内法规制定工作规划纲要（2023—2027年）》，对今后5年中央党内法规制定工作进行顶层设计，是新起点上引领党内法规制度建设的重要文件

第一阶段：1949—1978年，国有企业政治治理的萌芽阶段。改革开放前，我国实行指令性计划的资源配置方式，这一时期国有资产的所有权、使用权、收益权合一，国营企业由国家财政拨款，没有经营自主权，所得利润上缴国家，也不自负盈亏。1950年开始在国营和公营工厂企业中实施"工厂管理委员会"制度，党委书记依条例规定可以成为工厂管理委员会的成员，参与经营管理决策；1954年，随着"一五"计划的实施，开始在全国范围内推行厂长负责制（也称厂长制或一长制），但是这一制度会削弱党的领导，仅实行了不到三年，就被1956年召开的中国共产党第八次全国代表大会审议通过的"党委领导下的厂长负责制"所取代，此后，我国还实行过"党委领导下的厂长（经理）分工负责制"和"党委一元化领导制"（马连福等，2012；王元芳和马连福，2014）。这一时期，我国国有资产管理模式可以概括为"条块"管理，国有资产监管体制经历了集权—分权—集权—分权的不断演变，传统的"条块"管理模式加之不断往复的集权—分权—集权—分权严重影响了国

有企业的活力和国有经济的发展，主要原因在于权力下放的同时如果没有做好相应的监管和制定配套的改革措施，容易导致管理混乱和权力滥用。

第二阶段：1978—1992 年，国有企业政治治理的探索阶段。随着改革开放后市场经济的不断发展，我国传统体制下政企不分、所有权经营权合一的监管模式亟待做出调整。改革开放初期，我国国有企业内部实行的是党委领导下的厂长负责制。经过 1984 年 5 月六届人大二次会议《政府工作报告》、1984 年 10 月党的十二届三中全会的不断讨论和完善，在部分全民所有制工业企业中试点推行厂长负责制；1986 年 9 月，中共中央、国务院颁发《全民所有制工业企业厂长工作条例》、《中国共产党全民所有制工业企业基层组织工作条例》和《全民所有制工业企业职工代表大会条例》，要求在全民所有制工业企业全面实行厂长负责制，党组织需要转变工作内容和工作方法，从日常行政事务管理转向保障和监督；1988 年 4 月，七届全国人大一次会议审议通过的《中华人民共和国全民所有制工业企业法》，赋予厂长负责制法定地位。厂长负责制在 20 世纪 80 年代的国企改革进程中，在弥补企业内部党政不分、多元领导、权责不明、无人负责等缺陷方面发挥了至关重要的作用，但与现代企业制度也存在一定的矛盾和冲突（李玉福，1995）。我国还推行了一系列针对国营企业的"利改税"政策和针对国有建设投资的"拨改贷"政策。"利改税"政策实行后，国营企业税后利润归企业留存和自行支配，在一定程度上可激发企业活力和生产经营的积极性；推行"拨改贷"则表明对国有资产的监管由计划经济模式逐渐过渡到市场经济模式。这一系列以"放权让利"和"两权分离"为代表的扩大企业经营自主权、激发企业活力的改革探索（黄速建，2008），推动了国有企业发展成为独立核算、自主经营和自负盈亏的市场竞争主体，也推动了党组织在国有企业中地位和作用的转变，不断强调要加强党的领导，保障改革的顺利进行。随着经济体制改革的深化，厂长负责制的问题也逐渐显现，一方面它违背了现代企业制度的民主管理原则，缺乏有效的内部制衡机制；另一方面，这种一元化的领导体制影响投资者参与治理，而且生产经营中的责任难以有效落实。此后实行的联合委员会领导和监督下的厂长负责制在一定程度上缓解了上述问题，联合委员会由工厂管理委员会、公司董事会、经济联合体组成（马连福和王佳宁，2016；赖明发，

2018）。

第三阶段：1992—1999 年，国有企业政治治理的确立阶段。1992 年 10 月，党的十四大确立了社会主义市场经济体制的改革目标，经济体制改革的要求推动了我国国有企业改革进入了一个新的阶段。1993 年 11 月，党的第十四届三中全会提出要建立现代企业制度。1993 年 12 月修订的《公司法》确立了党对国有企业的监督职能，以及党组织对国有企业人事和"三重一大"事项的决策权①。1995 年 9 月，党的十四届五中全会要求国有企业实行政企分开的改革，但并未影响党组织的政治核心地位和参与国有企业重大问题决策的权利（程博等，2017）。1997 年 1 月，《中共中央关于进一步加强和改进国有企业党的建设工作的通知》进一步细化了党组织参与国有企业重大问题决策的内容、途径和方法。在这一阶段，随着社会主义市场经济体制的建立，党组织参与到国有企业的重大决策中，发挥政治核心作用（马连福和王佳宁，2016），但尚未明确党组织参与国有企业治理的具体形式（赖明发，2018），影响党组织政治核心作用的有效发挥（马连福和王佳宁，2016）。

第四阶段：1999—2016 年，国有企业政治治理的强化阶段。1999 年 9 月，党的十五届四中全会明确了党组织参与国有企业治理的具体形式，即双向进入、交叉任职（朱敏彦，1999；陈福今，1999）。2002 年 11 月召开的党的十六大、2007 年 10 月召开的党的十七大、2012 年 11 月召开的党的十八大虽然先后多次对《中国共产党章程》进行了修订，但都保留了党组织在国有企业和集体企业中的政治核心地位，以及参与企业重大问题决策的权利（程博等，2017）。2005 年 10 月，十届全国人大第十八次会议修订的《公司法》规定："在公司中，根据中国共产党章程的规定，设立中国共产党的组织，开展党的活动。公司应当为党组织的活动提供必要条件。"这种"双向进入、交叉任职"的国有企业政治治理模式对于在国有企业中强化党的领导、开展公司化改革、建立法人治理结构做出了突出贡献，实现了党组织治理和现代化公司治理的有机结合，一直被沿用下来。

第五阶段：2016 年至今，国有企业政治治理的深入阶段。新时期我国在

---

① "三重一大"事项指重大决策、重要人事任免、重大项目安排、大额度资金运作事项。

全面深化改革的进程中，尤其重视党对国有企业的领导，以习近平总书记2016年10月在全国国有企业党的建设工作会议上发表的重要讲话为标志，国有企业政治治理进入了新的发展阶段（马连福和王佳宁，2016），明确提出要"建立中国特色现代国有企业制度，把党的领导融入公司治理各环节，把企业党组织内嵌到公司治理结构之中，明确和落实党组织的法定地位"。2017年4月，国务院办公厅发布《关于进一步完善国有企业法人治理结构的指导意见》，明确了党组织在国有企业中的领导核心和政治核心地位，以及"把方向、管大局、保落实"的重要职能，在推进国有企业公司制改革、建立国有企业法人治理结构的过程中，也要坚持党的领导，把加强党的领导和完善公司治理统一起来。2017年9月，党的十九大对党章进行了修订，正式将国有企业党组织发挥政治核心作用修改为发挥领导作用。2020年12月，国务院国资委与财政部联合发布的《国有企业公司章程制定管理办法》中明确国有企业公司章程的制定管理要坚持"党的全面领导"。至此，党组织在国有企业公司治理中的定位成为全面领导。2021年，中共中央印发《中国共产党组织工作条例》，对党的组织工作做出全面规范。同年，中共中央先后印发了《关于中央企业在完善公司治理中加强党的领导的意见》《中国共产党组织工作条例》，指出中央企业党委（党组）是党的组织体系重要组成部分，在公司治理结构中具有法定地位，在企业发挥把方向、管大局、促落实的领导作用，明确了中央企业党委（党组）在决策、执行、监督等各环节的权责和工作方式。2022年，党的二十大报告明确指出要全面加强党的领导，确保党发挥总揽全局、协调各方的领导核心作用。2023年，中共中央印发《中央党内法规制定工作规划纲要（2023—2027年）》，对今后5年中央党内法规制定工作进行顶层设计，是新起点上引领党内法规制度建设的重要文件。

2.1.3 政治治理对国有企业的影响

我国国有企业内部存在两种治理逻辑，一种是以党委会的治理为代表的政治逻辑，另一种是以董事会的治理为代表的经济逻辑。国有企业政治治理的宗旨就是实现政治逻辑和经济逻辑的有效融合，将加强党的领导和完善公司治理统一起来，实现国有企业政治责任和经济绩效的有机统一（邱宝林，

2017）。党组织是国有企业内部的职能部门，具有参与公司治理的主体资格，基于对现实经营情况的了解，可以减轻由信息不对称引发的道德风险和逆向选择问题。常和王（Chang and Wong，2004）提出在国有企业实践中，政治治理作为一种制度安排，通过党组织的成员与董事会、监事会、经理层的成员互相兼任，有利于加强企业与政府部门的沟通，促进国有企业的改革和发展（卫兴华，1997），党组织的政治优势是国有企业重要的组织资本，然而，党组织和法人治理结构如何有效融合的问题尚未得到解决（徐亲知，1997；陈世瑞，2012）。

学者们主要围绕国有企业政治治理对国有企业的影响展开了一系列理论和实证研究，可以概括为治理作用和监督作用。其中，党组织治理作用的发挥包括国有企业政治治理对代理成本或交易成本的影响，对投资效率或运营效率的影响，对雇佣行为或高管薪酬的影响；党组织监督作用的发挥包括国有企业政治治理对内部控制有效性的影响，对减少高管腐败的影响，对抑制国有资产流失的影响。此外，还有学者研究了国有企业政治治理对企业绩效的影响。

关于国有企业政治治理对代理成本或交易成本的影响，理论上存在两种相反的解释。一种观点认为，国有企业的党组织参与公司治理能够有效减轻企业内部的代理冲突，从而降低代理成本；另一种观点认为，国有企业的党组织参与公司治理反而会加剧代理冲突，从而提高代理成本，已有学者的实证研究结论也并不一致。政治性因素作为一种强大的利益相关人压力，影响股东可以承受代理成本的规模，罗伊等（2008）将国家的政治地位与公司的微观结构连接起来，研究了政治条件的变化对公司治理结构安排产生的影响。萨万特（Sawant，2012）研究了管制行业在资产专用性较高的情况下，如何通过政治治理降低企业的交易成本。余怒涛和尹必超（2017）从组织文化的视角考察了党组织参与中央企业监事会治理对企业代理成本的影响，发现党组织参与中央企业监事会治理能够显著抑制第二类代理成本，但对第一类代理成本没有显著的抑制作用。程博和王菁（2014）研究了以党委书记参与公司治理为代表的政治治理机制对企业审计费用的影响，认为政治治理导致企业内部的代理冲突，影响公司内部治理有效发挥作用，迫于市场压力动机寻求高质量审计，因此政治治理提高了公司需要承担的审计费用。

关于国有企业政治治理对投资效率或运营效率的影响，任广乾和田野（2018）从理论上阐述了党组织参与国有企业治理能够减少管理层的私利行为、减少控股股东的代理问题，从而对非效率投资产生抑制作用。其他学者主要采用实证研究方法，考察党委书记、董事长、总经理的两职合一或三职合一对企业的影响。当党委书记与董事长或总经理两职合一时，能够更全面、更综合地考虑和分析问题，以审慎的态度权衡投资决策的风险和收益，从而在一定程度上可以起到减少企业非效率投资的作用（程博等，2015；赖明发，2018）；雷海民等（2012）的研究还发现，党委书记、董事长和总经理由同一人担任的政治治理形式不利于企业运营效率的提升。

关于国有企业政治治理对雇佣行为或高管薪酬的影响，一方面体现在通过党组织与董事会、经理层的"双向进入、交叉任职"参与公司治理可以抑制高管超额薪酬的获取，从而起到缩小高管与普通员工之间薪酬差距的作用（马连福等，2013）；另一方面体现在抑制由管理层权力（结构权力、所有制权力、专家权力）导致的高管-员工薪酬差距扩大（陈红等，2018）。

关于国有企业政治治理对内部控制有效性的影响，吴秋生和王少华（2018）指出，党组织在一定范围内参与公司治理会从内部控制环境、风险评估、控制活动、信息沟通、监督等五个方面，提高内部控制的有效性，但是当参与程度过高时，也会混淆党组织与其他内部控制主体之间的职能界限、降低工作热情和工作效率、增加过量的政治与社会负担，从而削弱国有企业内部控制的有效性，实证研究结果也支持国有企业党组织治理参与程度与内部控制有效性之间的倒"U"形关系。

关于国有企业政治治理对减少高管腐败的影响，具体机制是：我国国有企业一直以来遵循"党管干部"原则，在"双向进入、交叉任职"的治理模式下，国有企业高管的行为严格受到党的监管，基于甄别免责动机（周婷婷，2016），会从关注货币薪酬收入转向关注政治晋升和职业发展，从而减少腐败（陈红等，2017），而且政治治理对中央国有企业高管腐败的抑制作用强于地方国有企业（严若森和吏林山，2019）。

关于国有企业政治治理对抑制国有资产流失的影响，任广乾等（2018）

从理论上阐述了作用机理：党组织通过"双向进入、交叉任职"的形式进入"三会一层"，对高管权力形成有效制约，依法参与国有企业的决策、监督和执行过程，并通过党管干部原则监督和约束高管行为，从而减少因内部人控制导致的国有资产流失。陈仕华和卢昌崇（2014）通过实证研究发现，国有企业党组织治理参与对并购溢价水平会有显著的正向影响。

关于国有企业政治治理对企业绩效的影响，已有学者进行了较为丰富的研究。国有企业在我国当前的社会经济发展中扮演着重要的角色，因此国有企业的改革发展和绩效自然成为我国学术界的重要研究课题之一（黄文锋等，2017）。熊婷等（2015）以资源依赖理论为基础，阐述了党组织与治理层和管理层的任职重合能够提高企业资源获取能力和资源运用能力，从而提高企业绩效。常和王（Chang and Wong，2004）基于问卷调查的结果，研究发现，如果党委的决策权超过控股大股东，对企业绩效有积极影响，如果党委的决策权超过经理层，对企业绩效有负向影响。曲亮等（2016）研究了我国国有企业董事会的权力配置模式，发现经济型董事的比例与企业绩效之间是正 U 形关系[①]。在新时期国有企业分类改革背景下，郝云宏和马帅（2018）实证检验了国有企业政治治理在商业类国有企业和公益类国有企业中的治理效果差异，据此提出应该"因企制宜"推进国有企业改革。

表 2-4 为以上文献的归纳总结。

表 2-4 政治治理对国有企业的影响

	研究主题	代表文献	主要研究结论
治理作用	对代理成本或交易成本的影响	萨万特（2012）	管制行业在资产专用性较高的情况下，通过政治治理降低企业的交易成本
		余怒涛和尹必超（2017）	党组织参与中央企业监事会治理能够显著抑制第二类代理成本，但对第一类代理成本无显著的抑制作用
		程博和王菁（2014）	政治治理提高了公司需要承担的审计费用

---

① 需要说明的是，曲亮等（2016）对经济型董事的界定与本书略有差异，是指兼任本公司经理层职务（总经理、副总经理、总裁、财务总监、部门负责人等），或者在市场上具有某行业背景的专家（如管理、会计、法律等）。

续表

	研究主题	代表文献	主要研究结论
治理作用	对投资效率或运营效率的影响	任广乾和田野（2018）	党组织参与国有企业治理能够减少管理层的私利行为、减少控股股东的代理问题，从而对非效率投资产生抑制作用
		程博等（2015）赖明发（2018）	当党委书记与董事长或总经理两职合一时，可以减少非效率投资
		雷海民等（2012）	党委书记、董事长和总经理三职合一不利于企业运营效率的提升
	对雇佣行为或高管薪酬的影响	马连福等（2013）	党组织参与公司治理可以抑制高管超额薪酬获取，缩小高管与普通员工之间的薪酬差距
		陈红等（2018）	党组织能够抑制由管理层权力（结构权力、所有制权力、专家权力）导致的高管-员工薪酬差距扩大
监督作用	对内部控制有效性的影响	吴秋生和王少华（2018）	国有企业党组织治理参与程度与企业内部控制有效性之间呈倒U形关系
	对减少高管腐败的影响	周婷婷（2016）	国有企业高管的行为严格受到党的监管，基于甄别免责动机会减少腐败
		陈红等（2017）	国有企业党组织参与治理有效减少了腐败倾向和腐败行为
		严若森和吏林山（2019）	政治治理对中央国有企业高管腐败的抑制作用强于地方国有企业
	对抑制国有资产流失的影响	任广乾（2018）	党组织能够对高管权力形成有效制约，监督和约束高管行为，从而减少因内部人控制导致的国有资产流失
		陈仕华和卢昌崇（2014）	国有企业党组织治理参与对并购溢价水平会有显著的正向影响
绩效影响	对国有企业绩效的影响	熊婷等（2015）	党组织与治理层和管理层的任职重合能够提高企业资源获取和运用能力，从而提高企业绩效
		张介和黄曼丽（2004）	如果党委的决策权超过控股大股东，对企业绩效有积极影响；如果党委的决策权超过经理层，对企业绩效有负面影响
		郝云宏和马帅（2018）	国有企业政治治理在商业类国有企业和公益类国有企业中的治理效果存在差异

2.2 关于董事会决策的研究

董事会作为公司制企业内的重要决策部门，是公司治理的核心，一般由股东大会选举的董事组成，并且对股东大会负责，董事会会议是董事会发挥其职能的主要途径（马连福和石晓飞，2014）。根据上海证券交易所和深圳证券交易所的股票上市规则，上市公司共计 12 个大类事项（人事变动、董事和高管薪酬、年度报告、关联交易、担保、投资收购、股权变动、审计、募集资金、资产变动、股权分置改革和其他事项）的议案需要经过董事会会议投票表决，董事会决议在表决过程中实行的是一人一票制，当全体董事过半数通过时，董事会决议才能获得通过。佩蒂格鲁（Pettigrew，1992）指出，如果缺少董事会决策过程的直接证据，很容易导致逻辑跳跃过大，因此要深入调查董事会的实际决策过程，增加对决策过程和情景因素的考虑。基于此，本部分将系统归纳总结已有文献对董事会决策过程的相关研究，一方面从宏观环境因素、企业层面因素和董事个人因素三个层次总结董事会异议的影响因素；另一方面总结董事会异议对企业的代理成本、大股东掏空行为、盈余管理水平、财务绩效和企业价值等的影响。

2.2.1 董事会决策的影响因素

上市公司的董事对董事会决议发表不同意见的影响因素可以概括为三个方面，即宏观环境因素、企业层面因素和董事个人因素。

（1）关于宏观环境因素对董事会异议的影响，已经引起了公司治理领域学者的高度重视。宏观制度环境通过影响经济发展水平、市场化进程和企业市场化改革，影响上市公司董事监管的有效性，地区制度和治理环境好的地区的独立董事更有可能在董事会决策过程中发表负面意见（杜巨澜等，2012）。宁向东和张颖（2012）构建了独立董事行为决策模型，发现较强的外部监管力度能够有效提升独立董事监督的诚信度和勤勉度，减少上市公司的违规行为。杜巨澜等（2012）运用配对样本的方法，检验了不同地区的制度环境（政府干预程度、契约执行程度、非国有经济的发展）对独立董事监管有效性的影响，研究发现，独立董事所任职的公司处于契约执行程度高、市场经济发达的省份时，更可能发表反对意见，保护股东利益。

（2）关于企业层面因素对董事会异议的影响，学者们主要围绕企业业绩、股权结构、公司治理结构等展开研究。

第一，在业绩较差的公司，独立董事更有可能对董事会议案发表否定意见，以"用手投票"的方式进行公开质疑（叶康涛等，2011；刘桂香等，2014；祝继高等，2015；徐祯和陈亚民，2018），沃瑟（Warther，1998）设计了包含三个人的董事会投票模型，模拟独立董事的履职行为，发现独立董事通常不会投反对票，但是当企业业绩极其不乐观时，可能对提案投有实际价值的反对票。赵子夜等（2014）、范合君等（2017）更进一步研究了独立董事的委婉履职行为，发现当公司处于亏损状态时，其独立董事更大概率会发表"有功型"意见①。

第二，股权结构是指公司股东所持公司股份的比例及其相互关系（党文娟和张宗益，2010；刘汉民等，2018），学者们在研究中一般采用股权集中度［第一大股东持股比例、前五（或前十）大股东持股比例］或股权制衡度（第二大股东持股比例/第一大股东持股比例、第二至五大股东持股比例/第一大股东持股比例）来衡量企业的股权分布状态。一般认为，一股独大或者股权集中度过高不利于董事职能的发挥（李俊强和郭幼佳，2017）；大股东对董事会的信息隐瞒会降低独立董事的勤勉度（宁向东和张颖，2012），而且由于力量薄弱，独立董事出具"无过"型意见的概率较大（范合君等，2017）；郭姝君（2018）的研究也表明，股权制衡程度越高，董事会非赞成票比例越高。党文娟和张宗益（2010）探讨了公司股权集中度与独立董事异议行为的"U"形非线性关系。张云（2015）还研究了控股股东的"掏空"行为对独立董事异议行为的影响，发现控股股东"掏空"越严重，独立董事越可能在董事会议案投票中发表不同意见。

---

① 赵子夜等（2014）、范合君等（2017）在研究中认为，独立董事在清洁意见中使用"有利于""对……有积极影响"等积极情感的词汇，是"有功型"意见，使用"不会""不存在""不影响"等消极情感的词汇，是"无过型"意见。

第三，公司治理结构与董事会异议密切相关，吉列等（Gillette et al.，2003）利用实验法对董事会结构与投票行为之间的关系进行了考察。近年来学者们主要围绕董事长和CEO两职合一、董事会独立性、经理人独立性等展开研究。如果董事长同时兼任CEO，则会在很大程度上主导企业决策，削弱董事会的决策和监督职能（杜巨澜等，2012）。在董事会独立性越高的企业中，资源共享和信息沟通的渠道越顺畅，独立董事敢于发表异议意见（杜巨澜等，2012；郭姝君，2018）；科斯尼克（Kosnik，1987）认为，提高企业内独立董事的比例能够提高董事会的有效性，在经理人独立性高（是否职业经理人）的企业内，董事会决议中出现非赞成票的比例也比较高（郭姝君，2018）。

第四，企业内是否存在关联交易和关联交易的比重对董事会决策有重要影响，当存在关联交易时，独立董事更有可能发表异议意见（徐祯和陈亚民，2018），郭姝君（2018）的研究还证明了关联交易比重在董事会非赞成票与公司未来会计业绩之间关系的负向调节效应。

第五，企业内部的文化氛围深刻影响董事会的决策。杜兴强等（2017）论证了企业内论资排辈的文化特征[①]对独立董事发表异议意见的可能性的影响，研究发现论资排辈抑制了独立董事的进谏行为。此外，不同所有制性质的企业中，董事会决策也存在显著差异，相比非国有企业，国有企业中的非控股股东董事更有可能投非赞成票（祝继高等，2015）。

（3）关于董事个人因素对董事会异议的影响，主要依据的是高阶理论。

首先，董事个人的人口统计学特征对其异议行为的影响最为直观，一般可观察到的结果是，男性董事投反对票的概率高于女性董事，当然这也可能是大多数企业的董事会中男性多于女性导致的有偏估计结果。唐方方和高玥（2013）从利他偏好、互惠偏好、风险偏好和竞争偏好四个方面探讨了性别差异对董事投票行为的影响机理，董事的受教育水平越高，越可能投反对票质疑董事会决议（杜巨澜等，2012）。祝继高等（2010）还研究了不同类型董事的投票行为差异，发现相比于控股股东，非控股股东和独立董事更可能投非

[①] 杜兴强等（2017）认为，企业内论资排辈是企业受儒家文化"尊卑有序"思想影响的体现，因而将"年龄""政治联系""职位"等作为论资排辈的标准，手工收集整理了论资排辈的数据。

赞成票。奥里根和奥斯特（O'Regan and Oster，2005）通过实证研究发现，纽约非营利组织董事会成员的个人特征（性别、年龄、职业、职位高低、兼职数量）不会对董事会绩效产生影响。

其次，董事背景特征近年来受到国内外学者的高度关注，已有学者研究了独立董事的财会背景（叶康涛等，2011）、法律背景（范合君等，2017）以及由科斯尼克（Kosnik，1987）、杜巨澜等（2012）提出的实务背景等对其在董事会决议中投票行为的影响，研究发现，有专业背景或企业实践工作背景的独立董事，都有更高的概率投反对票（安广实和李泽泓，2017）。

再次，姜等（Jiang al et.，2016）研究认为，董事的声誉可以在一定程度上代表董事的能力。学术界一般采用董事兼任的上市公司数或者董事获得的薪酬数来衡量董事声誉。全怡和陈冬华（2016）研究了多席位独立董事的精力分配对公司治理的影响；李世刚等（2019）研究了独立董事内部薪酬差距与异议行为之间的关系；唐雪松等（2010）、叶康涛等（2011）、陈睿等（2016）的研究表明，声誉越高的独立董事越有可能公开质疑上市公司的董事会议案，而且声誉越高，越倾向于出具"有功型"意见（范合君等，2017）。

最后，是关于独立董事任职时间或任期如何影响董事会决策的研究，叶康涛等（2011）、马和卡纳（Ma and Khanna，2016）都发现，独立董事的任期越长，或者任职时间晚于现任董事长的任职时间，一般独立性较差，对董事会决议公开质疑的概率就越低；郑志刚等（2016a，2016b）还发现，独立董事一般在第一个任期内不发表反对意见，在第二个任期发表反对意见，而且独立董事的异议行为会影响其在下一个任期是否能够获得连任。

以上文献的归纳见表2-5。

表2-5 董事会决策的影响因素

	代表文献	主要研究结论
宏观环境因素	杜巨澜等（2012）	地区制度和治理环境好的地区的独立董事更有可能在董事会决策过程中发表负面意见
	宁向东和张颖（2012）	较强的外部监管力度能够有效提升独立董事监督的诚信度和勤勉度，减少上市公司的违规行为

续表

	代表文献	主要研究结论
企业层面因素	叶康涛等（2011） 刘桂香等（2014） 祝继高等（2015）	在业绩较差的公司，独立董事更有可能对董事会议案发表否定意见，以"用手投票"的方式进行公开质疑
	沃瑟（1998）	独立董事通常不会投反对票，但是当企业业绩极其不乐观时，可能对提案投有实际价值的反对票
	赵子夜等（2014） 范合君等（2017）	当公司处于亏损状态时，其独立董事大概率会发表"有功型"意见
	李俊强和郭幼佳（2017）	一股独大或者股权集中度过高不利于董事职能的发挥
企业层面因素	宁向东和张颖（2012）	大股东对董事会的信息隐瞒会降低独立董事的勤勉度
	郭姝君（2018）	股权制衡度越高，董事会非赞成票比例就越高
	党文娟和张宗益（2010）	公司股权集中度与独立董事异议行为是U形非线性关系
	杜巨澜等（2012）	如果董事长同时兼任CEO，则会在很大程度上主导企业决策，削弱董事会的决策和监督职能
	科斯尼克（1987）	提高企业内独立董事的比例能够提高董事会有效性
	徐祯和陈亚民（2018）	当存在关联交易时，独立董事更可能发表不同意见
	杜兴强等（2017）	论资排辈抑制了独立董事的进谏行为
董事个人因素	杜巨澜等（2012）	董事的受教育水平越高，越可能投反对票
	祝继高等（2010）	相比于控股股东，非控股股东和独立董事更可能投非赞成票
	安广实和李泽泓（2017）	有专业背景或企业实践工作背景的独立董事，有更高的概率投反对票
	唐雪松等（2010） 叶康涛等（2011） 陈睿等（2016）	声誉越高的独立董事越有可能公开质疑董事会议案
	叶康涛等（2011） 马娟和卡纳（2016）	独立董事的任期越长，或者任职时间晚于现任董事长的任职时间，一般独立性较差，对董事会决议公开质疑的概率就越低
	郑志刚等（2016）	独立董事一般在第一个任期内不发表反对意见，在第二个任期发表反对意见

2.2.2 董事会决策对企业的影响

董事会作为企业内的重要决策部门，企业的重要人事变动、投融资、对外担保、关联交易等事项都需要经过董事会会议讨论，由董事会成员投票表决通过后，才能提交股东大会审议或交由经理层实行，因此对董事会决议发表异议是董事行使决策和监督职能的重要渠道，对企业的生存和发展具有重要意义。已有学者研究了董事会决策中出现异议对抑制控股股东掏空、提高会计信息质量、降低股价崩盘风险、提升企业价值（企业绩效）的作用。

董事会异议对抑制控股股东掏空的作用，是独立董事基于维护声誉和规避法律风险的考量，通过对董事会议案发表异议，向中小股东传递风险信息，减少信息不对称程度（张云，2015），从而限制大股东攫取私利的机会。董事会异议对提高会计信息质量的作用，主要是通过向外部监管机构和投资者传递风险信号实现的。刘桂香等（2014）研究发现，存在异议独立董事的公司，正向盈余管理水平更低。董事会异议对降低股价崩盘风险的作用，梁权熙和曾海舰（2016）进行了实证检验，发现不存在异议独立董事的公司的股价崩盘风险更高。董事会异议对提升企业价值（企业绩效）的作用，体现在良好的董事会治理环境能够有效缓解外部股东和内部人之间的委托代理关系（叶康涛等，2011），刘桂香等（2014）、徐祯和陈亚民（2018）检验了董事会异议对提升上市公司未来股票收益率和企业价值的作用，祝继高等（2015）发现了非控股股东委派的董事投反对票可以改善上市公司未来的会计业绩，郭姝君（2018）还发现董事会非赞成票的比例越高，上市公司未来的会计业绩越好。

此外，在董事会决策过程中就相关议案发表异议，也会对董事的个人声誉和下一个任期能否连任产生影响。唐雪松等（2010）发现，说"不"的独立董事离任现职概率更高，到其他公司就任新职的概率也更高，说明独立董事发表不同意见对自身职业发展而言是一把"双刃剑"。郑志刚等（2016）认为，在"逆淘汰"机制和"任人唯亲"的董事会文化氛围下，对上市公司的董事会决议发表否定意见的独立董事，在下一个任期获得连任的可能性降低，因此独立董事难以发挥良好的公司治理作用。李俊强和徐丹（2017）进一步研究发现，独立董事对人事薪酬事项出具否定意见，获得连任的概率会提高；而对关联交易和担保事项出具否定意见时，获得连任的概率会降低；而且独立董事集体出具否定意见时获得连任的概率较高，单独出具否定意见时获得连任的概率较低。

以上文献主要观点归纳见表2-6。

表2-6　董事会决策对企业的影响

	代表文献	主要研究结论
抑制控股股东掏空	张云（2015）	独立董事通过对董事会议案发表异议，向中小股东传递风险信息，减少信息不对称程度
提高会计信息质量	刘桂香等（2014）	存在异议独立董事的公司，正向盈余管理水平更低
降低股价崩盘风险	梁权熙和曾海舰（2016）	不存在异议独立董事的公司的股价崩盘风险更高
提升企业价值与绩效	叶康涛等（2011）	良好的董事会治理环境能够有效缓解外部股东和内部人之间的委托代理关系
	刘桂香等（2014）徐祯和陈亚民（2018）	董事会异议能够发挥提升上市公司未来股票收益率和企业价值的作用
	祝继高等（2015）	非控股股东委派的董事投反对票可以改善上市公司未来的会计业绩
	郭姝君（2018）	董事会非赞成票的比例越高，未来会计业绩越好
影响董事声誉和连任	唐雪松等（2010）	说"不"的独立董事离任现职概率更高，到其他公司就任新职的概率也更高
	郑志刚等（2016）	在"逆淘汰"机制和"任人唯亲"的董事会文化氛围下，对上市公司的董事会决议发表否定意见的独立董事，在下一个任期获得连任的可能性降低
	李俊强和徐丹（2017）	独立董事出具否定意见后能否连任与议案事项有关，而且集体出具否定意见时获得连任的概率较高，单独出具否定意见时获得连任的概率较低

2.3 关于国有企业政治治理对董事会决策影响的研究

根据我国《中华人民共和国宪法》《中华人民共和国公司法》《中国共产党章程》等的相关规定，国有企业党组织具有领导核心和政治核心地位，制度设计的初衷是将政治目标和社会目标内化到日常经营管理活动中，以"双向进入、交叉任职"的形式参与"三重一大"事项的决策（宁向东，2012），为企业的发展"把关定向"，防止国有资产流失（马连福等，2013；程博等，2017）。

学者们在政治治理对董事会决策的影响这一问题上存在争议，见表2-7。一种观点认为，有政治资本的独立董事由于不害怕发表负面意见的后果，所以更敢于批评那些业绩差和损害国家利益的公司，对董事会决议发表否定意见，杜巨澜等（2012）研究了独立董事所拥有的政治资本（①是否是前任官员，②是否是共产党员）对其投票表决行为的积极影响。阿格拉瓦尔和克诺伯（Agrawal and Knober，2000）也认为，有政治背景的独立董事可以根据对政府的深刻理解，向公司提出建议。程博等（2017）研究发现，党组织治理增加了国有企业的高质量审计需求，而且在公司业绩较好以及党委书记晋升动机较强时更加明显。帕斯夸尔-福斯特和克雷斯皮-克拉德拉（Pascual-Fuster and Crespí-Cladera，2018）基于西班牙上市公司的数据，实证分析了前政治家在董事会中担任相关职务的程度以及对董事会监督职能的影响，发现政治家在董事会和委员会中发挥着积极的作用。另一种观点认为，有政治资本的独立董事不够专业，更倾向于跟随多数人的意见，从而不容易在董事会会议上发表否定意见。马连福等（2012）研究了国有企业党组织参与公司治理的方式及党委决策权的大小对董事会决策效率的影响，结果表明，党委会双向进入程度与公司治理水平呈倒U形关系，董事长担任党委书记不利于公司治理水平的提高。

表 2-7 国有企业政治治理对董事会决策的影响

类别	代表文献	主要研究结论
对董事会决策的正面影响	杜巨澜等（2012）	独立董事所拥有的政治资本对其投票表决行为有积极影响
	阿格拉瓦尔和克诺伯（2000）	有政治背景的独立董事也可以根据对政府的深刻理解，向公司提出建议
	程博等（2017）	党组织治理增加了国有企业的高质量审计需求
	帕斯夸尔-福斯特和克雷斯皮-克拉德拉（2018）	政治家在董事会和委员会中发挥着积极的作用
对董事会决策的负面影响	马连福等（2012）	当董事长担任党委书记时，不利于公司治理水平的提高

2.4　文献评析

国内外学者围绕国有企业政治治理、董事会决策，以及国有企业政治治理对董事会决策的影响，进行了丰富而深入的研究，为本书研究国有企业政治治理对董事会决策的影响机制奠定了坚实的基础，但仍缺少基于新时期我国国有企业改革和治理现状、深入探讨国有企业内部的政治治理和法人治理两种制度安排如何有效融合发挥作用的文献，存在以下几个方面的问题与不足：

第一，尚未形成适合我国国有企业政治治理制度安排的理论框架，缺少对国有企业党组织与其他公司治理主体有机融合、共同发挥作用的途径的研究。以马连福等（2012）、陈仕华和卢昌崇（2014）为代表的文献，依据《中华人民共和国宪法》《中华人民共和国公司法》《中国共产党章程》等的相关规定，阐明了我国国有企业党组织参与公司治理的法律依据和现实需求，但作为一种有中国特色的国有企业治理制度安排，应该构建国有企业政治治理的理论框架，理顺国有企业内部党组织与董事会、监事会、经理层之间的关系，以及与来自上级政府部门的行政干预之间的关系。

第二，较少对国有企业政治治理发挥作用机制的系统和深入研究。已有文献分别围绕国有企业政治治理和董事会决策进行了诸多研究，但针对二者之间关系的理论和实证研究还很少；而且已有文献在研究国有企业政治治理对董事会的影响时，仅简单地以董事会会议次数、独立董事比例等衡量董事会效率，未能打开董事会决策的"黑箱"；或直接研究国有企业政治治理对企业价值、企业绩效等的影响，缺少对国有企业政治治理发挥作用机制的深入研究。

第三，缺乏对董事会中有党组织身份背景的董事（政治型董事）的决策行为的关注。已有文献多围绕独立董事在董事会决议中的投票行为，研究独立董事的人口统计学特征和专业背景特征对其投票行为的影响，但尚未探讨有政治身份的董事在董事会决议中的投票行为。国有企业党组织以"双向进入、交叉任职"的方式进入董事会，并参与董事会决策，拥有对董事会议案的投票表决权，政治型董事在董事会决策过程中更关注国有企业的政治属性和社会属性，经济型董事在董事会决策过程中更关注国有企业的经济属性，因此应该关注进入董事会的党组织成员的决策行为，检验其与经济型董事是否存在显著差异，从而评估国有企业政治治理是否在董事会决策过程中发挥了作用。

第四，研究设计和研究方法上对内生性问题的控制有待进一步加强。已有研究多采用面板数据的多元回归方法，检验国有企业政治治理对董事会决策的影响，以及对企业绩效或企业价值的影响，采用逻辑回归方法，检验宏观环境因素、企业层面因素和董事个人因素对董事会决策的影响。近年来，学者关注到政治治理与董事会决策行为之间关系的内生性问题，叶康涛等（2011）、祝继高等（2015）以及姜等（Jiang et al., 2016）都采用处理效应模型研究不同董事对相同企业的相同董事会议案的投票表决情况，或者采用配对样本的方法（杜巨澜等，2012）减弱内生性对估计结果的影响。但国有企业政治治理并不是严格外生的变量，它会受到国有企业所属层级的影响，在不同行业间也是有差异的。因此，应该将政治治理作为内生变量，以进一步减弱内生性问题对研究结果的干扰。

3 国有企业政治治理对董事会决策的影响：理论分析

本章首先介绍利益相关者理论、高阶理论、信号理论和制度逻辑理论的主要思想，以及这些理论如何应用于本研究；再介绍我国国有企业的三类治理主体，构建一个国有企业政治治理与行政治理、经济治理的耦合治理框架，研究国有企业政治治理如何与法人治理结构有机融合，共同促进国有企业做强做优做大。在耦合治理框架的基础上，研究政治治理对董事会决策的影响，以及政治治理影响董事会决策的经济后果。

3.1 理论基础

3.1.1 国有企业政治治理与利益相关者理论

1984 年，美国学者弗里曼（Freeman）在其出版的专著《战略管理：一种以利益相关者为起点的方法》中，提出利益相关者管理理论，核心观点是：组织不能只关注股东（shareholders）财富积累和追求财务绩效，而应该综合平衡各个利益相关者（stakeholders）的需求，追求一定的社会效益。唐纳森和普雷斯顿（Donaldson and Preston，1995）从规范性的视角，对利益相关者的范围进行了界定，即拥有企业实质上合法利益的个体和群体。根据公司治理实践，股东、债权人、供应商、员工、社区等都是企业的利益相关者，利益相关者参与公司治理可以起到约束管理者行为的作用，从而促进企业发展（段钊，2013）。

根据我国《中华人民共和国宪法》《中华人民共和国公司法》《中国共产

党章程》等相关法律法规的规定，党组织具有参与国有企业治理的主体资格，是重要的利益相关者，其参与公司治理能够督促国有企业在追求经济效益的同时，兼顾社会效益和政治责任。因此，利益相关者理论是本书研究国有企业政治治理相关影响的理论基础。

3.1.2 国有企业政治治理与高阶理论

1984年，唐纳德·汉姆布瑞克（Donald Hambrick）和菲莉斯·梅森（Phyllis Mason）的文章《高层梯队：组织作为高层管理者的反映》发表在管理学顶级期刊《管理评论》（Academy of Management Review）上，成为高阶理论（Upper Echelons Theory）的奠基之作。高阶理论以人的有限理性为前提，认为在复杂的经济社会环境下，管理者不可能了解有关决策的全部信息，个人特征影响他们的认知能力和战略选择，进而影响组织绩效。具体而言，高阶理论的主要观点可概括为三个方面：第一，高层管理者会根据自身的经验和价值观进行决策，从而影响组织绩效；第二，高层管理团队（top management team，TMT）的特征对组织结果的影响强于高层管理者个体；第三，高层管理者的人口统计学特征变量（如年龄、教育背景、职业、任期等）是有意义的。

国有企业的董事会成员也是高层管理者，对重要人事变动、投融资、对外担保、关联交易等事项拥有决策权，因此本书将高阶理论应用于董事的党组织身份背景特征对其决策行为的影响研究中，分析国有企业政治型董事与经济型董事在决策行为方面的差异。

3.1.3 国有企业政治治理与信号理论

1973年，美国学者迈克尔·斯宾塞（Michael Spence）在《劳动市场信号》一文中提出了信号理论（Signaling Theory），用于研究买卖双方在信息不对称情境下的市场互动行为。此后学者们对信息传递模型和信息不对称的关注逐渐增多，围绕信号传递机制和信号甄别机制展开大量研究[1]，形成了信号发送者、信

---

[1] 信号传递（signaling model）指通过可观察的行为传递信息，是信息优势方先行动，而信号甄别（screening model）指通过不同的合同甄别真实信息，是信息劣势方先行动。

号接收者、信号反馈机制、环境要素等在内的理论框架（Bergh et al.，2014）。

信号理论虽然最初被应用于研究劳动力市场的信息不对称问题，但后来逐渐被拓展到不同类型的市场，也被广泛应用于公司治理领域的研究。塞托（Certo，2003）将企业获取制度合法性的努力归因于生存需要，而通过权威的董事会或者有威望的高管发布高质量的信号就是获取合法性的一个渠道。康纳利等（Connelly et al. 2010）基于信号理论建立了一个公司治理框架，认为高层管理者掌握着在决策上有关键作用的正面或负面信息，是信号发送者，并且通过持有公司大量股权来证明信号的质量，而且信号接收者的反馈作用也会激励信号发送者，从而提升信号质量。信号传递过程中的环境要素也影响信号传递的效果，卡特（Carter，2006）研究发现企业会将声誉管理活动导向更明显的利益相关者。

本书采用信号传递理论解释政治型董事在董事会决议中投反对票的一个心理动机，即基于职位晋升的预期，向上级领导传递个人能力较强以及能够在董事会决策过程中积极履责的信号。

3.1.4 国有企业政治治理与制度逻辑理论

制度逻辑是随着制度理论的不断发展衍生出来的，奥尔福德和弗里兰德（Alford and Friedland，1985）最早将制度逻辑理论引入到社会学的研究中，旨在考察制度环境通过何种内在逻辑对组织产生影响，从而能够更好地解释制度复杂性和多元性特征下组织行为的异质性。近年来，学者们进一步研究发现，制度环境对组织的影响可能同时基于多种逻辑，企业和企业管理模式都是多重制度逻辑交互作用、转化和不断整合的结果（王利平，2017），不同制度逻辑下的影响可能是相同的，也可能是互斥的。周雪光和艾云（2010）提出，"中国转型期制度环境多元化的性质主要体现为行政逻辑和经济逻辑共同影响经济活动的制度多元性。"我国国有企业在行政逻辑下需要完成一定的政治任务，在经济逻辑下需要谋求经济效益和长远发展（王凯和武立东，2015；周业安和高岭，2017），当金字塔层级较低时，国有企业的管理层在决策过程中偏好于合法性的行政逻辑；当金字塔层级较高时，国有企业的管理层在决策过程中偏好于效率性的经济逻辑（武立东等，2017）。

在本书的研究中，国有企业党组织是政治组织，决策原则是"讲政治"，董事会是经济组织，决策原则是"讲经济"（强舸，2018）。由于实行了党组织成员与董事会成员"双向进入、交叉任职"的政治治理模式，国有企业内不同类型的董事会成员基于不同的决策逻辑，有不同的决策偏好，政治型董事的决策行为基于政治逻辑，偏向合法性，经济型董事的决策行为基于经济逻辑，偏向效率性。

3.2 国有企业政治治理与经济治理、行政治理的耦合治理框架

我国国有企业面临来自政府和市场的双重约束，承担着政治性和经济性的双重责任。王（Wang，2008）基于合法性逻辑，揭示了我国国有企业存在多种治理主体共同治理的原因，即党组织通过国有企业掌控着经济资源，构成了执政党的财政基础，通过政治控制利用国有企业完成市场压力下的独立公司不愿意承担的任务。国有企业政治治理起着把方向、管大局、保落实的作用，但由于缺乏顶层设计，政治治理与其他公司治理主体的融合程度有待提高，多种治理主体协同发挥作用的机制还有待进一步理顺。

学者们一般认为，在计划经济时期，政企合一的体制下，我国国有企业是行政治理主导的（吴金群，2008），以国家计划为导向（薛有志和李立超，2002；查知和王凯，2011），具有资源配置行政化、经营目标行政化、人事任免行政化等特点（宋成珍，2004；李维安，2009），发挥弥补市场失灵的作用（郑石明，2012）；而随着社会主义市场经济体制的发展和深化，国有企业引入法人治理结构，实行利益相关者相互制衡的经济治理（市场治理），遵循市场化的激励约束机制（薛有志和李立超，2002；李维安，2009）。新时期深化改革背景下要求加强国有企业政治治理，党组织成为国有企业的重要公司治理主体，发挥领导核心和政治核心的作用。基于此，本书将国有企业的治理主体分为三类：政治治理、行政治理和经济治理。

国有企业政治治理是指在国有企业内部，通过党组织（党组/党委/党支

部书记、副书记、委员）与董事会（董事长、副董事长、董事）、监事会（监事会主席、监事会副主席、监事）和经理层（总经理、副总经理）的"双向进入、交叉任职"，参与公司重大决策，形成一种有中国特色的国有企业内部的公司治理制度安排。国有企业政治治理的实施主体是党组织，决策过程中遵循政治逻辑（兼顾效率和公平），治理目标是加强党对国有企业的领导，发挥党组织的领导核心和政治核心作用，治理形式包括在"三重一大"事项上将党委会讨论作为董事会决策的"前置程序"，为国有企业决策把关定向，此外还有党组织成员以"双向进入、交叉任职"的形式参与国有企业的决策、监督和执行工作。国有企业政治治理能够充分发挥党组织的政治优势，提升国有企业的领导力、组织力和执行力，但也因不同于传统的现代公司治理制度安排，与其他公司治理主体的协调和配合还有待进一步加强。

国有企业行政治理是指在所有权与经营权高度重合的情况下（李维安，2009），政府部门既是国有资产的所有者，又是国有企业的管理者（邱艾超，2014），因此各级政府管理者以国家计划为导向（薛有志和李立超，2002），直接参与公司治理（李维安和郝臣，2009）。国有企业行政治理的实施主体是各级政府部门，决策过程中遵循行政逻辑（公平原则），目的是实现政府的社会目标和社会绩效（严继超和程秀生，2010；查知和王凯，2011），治理形式包括国资委直接委派官员到国有企业任职，对国有企业实行行政命令控制。国有企业行政治理虽然能够实现强监管和强监督，一定时期内在敦促国有企业履行社会责任、防范国有资产流失方面发挥了重要作用，但由于政企不分、内部治理关系虚化、缺乏激励约束机制（宋成珍，2004；王智丰和袁政，2011）等现实问题，容易导致人员冗余等低效率问题（查知和王凯，2011）。

国有企业经济治理又称为市场治理，是指在政企分开、所有权与经营权分离、产权制度日趋完善的情境下（李维安和郝臣，2009），以股东治理为主，兼顾各利益相关者（李维安，2009）。国有企业经济治理的实施主体是股东会、董事会、监事会、经理层等，决策过程中遵循市场逻辑（效率原则），以实现经济目标为主（严继超和程秀生，2010），采用现代公司制企业中的委托代理形式（李维安和邱艾超，2010；邱艾超，2014），通过市场化的激励约束机制,推进法人治理结构的建设(查知和王凯,2011)。理性情况下的国有企业经济治理在实施过程中,高层管理者的选任、评价、薪酬、变更均以市场化的方式来完成(李瑞凯等,2015),能够实现利益相关者相互制衡(薛有志和李立超,2002),但也存在内部人控制和大股东掏空公司问题,从而造成国有资产流失的风险。

国有企业政治治理和行政治理、经济治理在国有企业改革和发展的不同阶段发挥着重要的作用,在实施主体、决策逻辑、治理目标、治理形式等方面存在一定的差异,也都有各自的优势和局限性。见表3-1。

表3-1 国有企业的三类治理主体

	政治治理	行政治理	经济治理
治理主体	党组织	政府部门（国资委等）	股东会、董事会、监事会、经理层等
决策逻辑	政治逻辑	行政逻辑	市场逻辑
治理目标	政治核心	权威原则	经济价值
治理形式	双向进入、交叉任职	行政命令控制	委托代理
优势	领导力、组织力和执行力	强控制力	利益相关者相互制衡
局限性	与其他治理主体融合的有效性问题	内部治理虚化,缺乏激励约束机制	内部人控制,大股东掏空

根据新时期我国深化国有企业改革的要求,要在国有企业治理过程中加强党的领导,发挥党组织的领导核心和政治核心作用,建立和完善法人治理结构,因此亟待构建一个国有企业政治治理和行政治理、经济治理的耦合治理框架,明确不同治理主体之间的权责边界,理顺多个治理主体共同发挥作用的机制。

我国国有企业的耦合治理框架应该以遵循市场规律的经济治理为基础,因为国有企业首先是市场经济中的独立法人,具有一般企业的性质,以追求经济效益、实现利润最大化为目标。国有企业经济治理的一般体系如图3-1所示,以股东治理为基础,依据委托代理理论建立一套完整的激励约束机制,通过董事会、监事会、经理层等一系列职能部门之间的相互配合发挥作用

（仲继银，2009）。此外，国有企业还是利益相关者的企业，需要接受债权人、媒体、社会公众等外部主体的治理和监督。

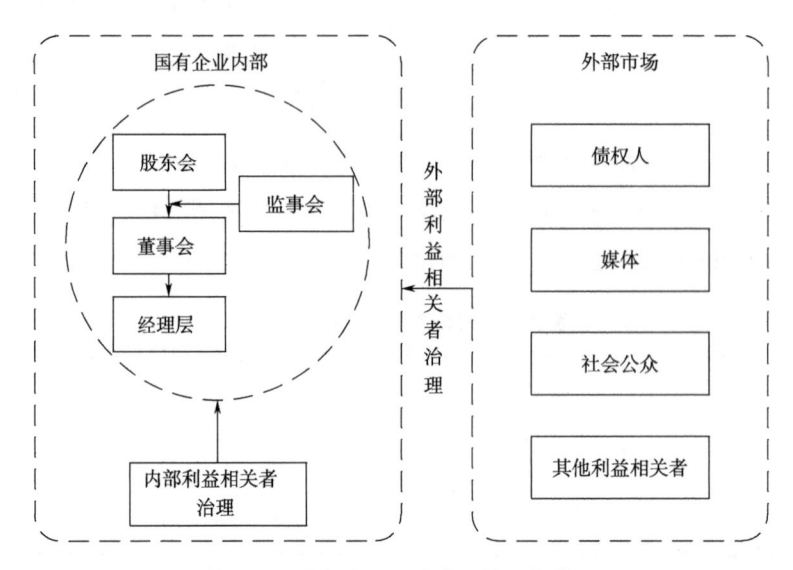

图 3-1 国有企业经济治理的一般体系

我国国有企业还担负着一定的政治责任和社会责任，例如，保障国家经济安全和社会稳定等，从而具有不同于一般企业的政治属性和社会属性（徐旭红，2018）。各级政府部门一直在这个过程中发挥着重要作用，但随着社会主义市场经济体制逐渐完善，为顺利实现管企业、管资产到管资本的过渡，国有企业必须建立和完善现代企业制度，实现所有权与经营权的分离。国有企业行政治理应该通过国有资本授权经营体制发挥作用，改组和组建国有资本投资运营公司，让国有资本管理机构更好地履行出资人职责，实现与国有企业之间以资本为纽带的协调机制（柳学信，2015）。国有资本投资运营公司是国有企业的股东，本质上是国有资本市场化运作的专业平台。在这种治理方式下，国家不再直接干预国有企业的经营和管理，而是以股东的身份履行出资人的监管职责，从而有助于实现政企分开，在所有权和经营权分离的情况下，实现对国家所有者权益的保护，同时最大限度地赋予国有企业经营自主权（胡锋和黄速建，2017）。

国有企业政治治理在耦合治理框架中发挥领导核心和政治核心的作用，把党组织的政治优势转化为企业的核心竞争力（徐旭红，2018），是中国特色现代国有企业制度的有机组成部分（罗虎，2016）。一方面，对于国有企业重大决策事项，党组织在董事会讨论前可形成意见，供董事会决策参考，最终的决策权仍然是董事会，若董事会的决策违反国家法律法规和上级规定，党组织可以行使否决权（即"讨论前置"），在这个过程中，党组织能够起到把关定向的作用；另一方面，党组织成员以"双向进入、交叉任职"的方式参与董事会、监事会、经理层的治理，将政治目标内化到企业经营管理活动中。以党组织参与董事会的治理为例，在"双向进入、交叉任职"的管理体制下，党组织成员和董事会成员之间适度重合，即政治型董事与股东代表董事、职工董事、独立董事共同参与董事会决策，可以有效提高董事会决策的科学性和公司治理效果。

综上所述，在新时期深化国有企业改革、建立和完善法人治理结构、加强国有企业政治治理的背景下，我国国有企业政治治理与行政治理、经济治理的耦合治理框架如图3-2所示，党组织、政府部门、市场在这个耦合治理框架中发挥各自的优势，保证国有企业在实现经济价值的同时，履行好政治责任和社会责任。

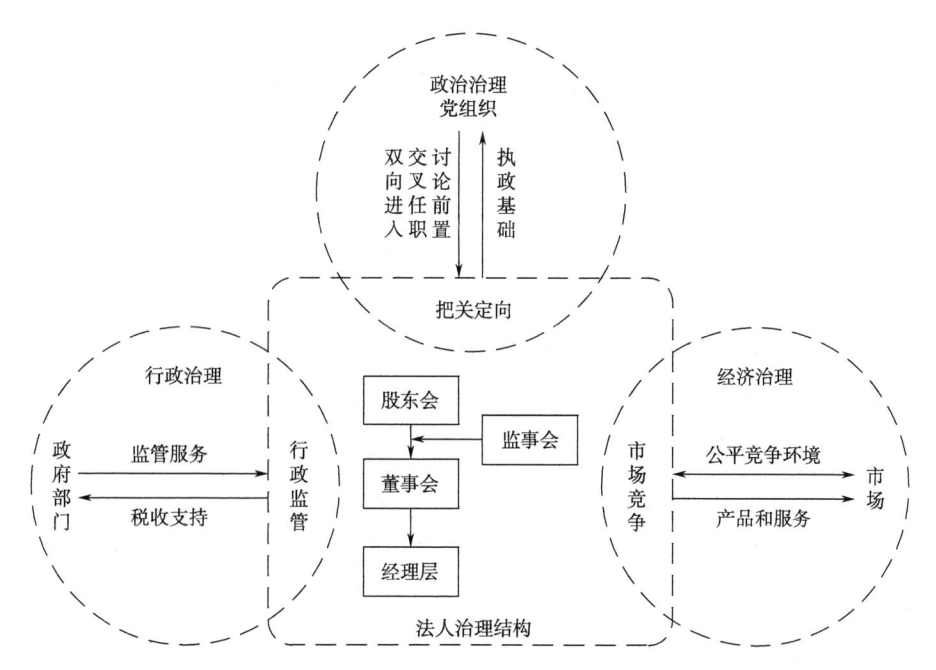

图3-2 国有企业政治治理与经济治理、行政治理的耦合治理框架

3.3　国有企业政治治理对董事会决策的影响：理论框架

在国有企业政治治理与经济治理、行政治理的耦合治理框架中，政治治理是党组织以"双向进入、交叉任职"和"讨论前置"的方式参与公司治理的一种制度安排，经济治理的一个重要方式是董事会决策，即在国有企业内部，政治治理是嵌入经济治理发挥作用的，而行政治理作为政府对国有企业实施监管的重要手段，将会对国有企业政治治理嵌入经济治理发挥作用产生影响。

国有企业政治治理对董事会决策的影响，在董事层面上体现为有党组织身份背景的董事与没有党组织身份背景的董事在投票表决上的差异，在企业层面上体现为"双向进入、交叉任职"影响董事会结构，影响董事会决策结果。

首先，党委会是国有企业的政治核心，董事会是决策核心，都遵循少数服从多数的原则对重大事项进行决策，这种决策事项和决策原则上的相似性为党组织参与董事会决策提供了基础和机会（董学群，2009）。在"双向进入、交叉任职"的治理体制下，符合条件的党组织成员进入董事会参与决策，在党组织和董事会之间就形成了人员的任职重合，本书将同时在党委会和董事会任职的董事界定为"政治型董事"，政治型董事在行使职权时代表党组织的意志，遵循政治逻辑进行决策，追求政治目标和社会价值；将仅在董事会任职的董事界定为"经济型董事"，经济型董事在行使职权时代表股东和其他利益相关者的利益，遵循经济逻辑进行决策，追求经济目标。两种类型的董事通过"票决制"共同参与董事会决策，在"少数服从多数"的原则下影响国有企业重大事项决策的结果。具体而言，根据高阶理论，董事的身份特征会影响其决策行为，政治型董事由于具有党组织身份背景，在管理能力、风险偏好、决策逻辑、决策目标等方面均与经济型董事存在差异，因此在面对相同的董事会决议事项时可能会做出不同于经济型董事的决策。基于此，本书在第4章以董事为样本，考察政治型董事与经济型董事在董事会决策中投票表决行为的差异。

其次,党委会成员通过"双向进入、交叉任职"的方式进入到董事会中,政治治理对董事会决策的作用体现在影响董事会成员对"三重一大"事项的投票表决,对人事变动、高管薪酬、筹集资金、重大投资、对外担保、资产变动等重要事项发挥积极的作用。基于此,本书在第 5 章以企业为样本,考察国有企业政治治理对董事会决策的影响。

最后,国有企业政治治理通过党组织与董事会"双向进入、交叉任职"的形式参与决策,最终的经济后果是影响企业价值。基于此,本书在第 6 章采用中介效应模型研究国有企业政治治理影响董事会决策的经济后果,即检验国有企业政治治理如何通过影响董事会决策而影响企业价值。具体地,首先检验国有企业政治治理对企业价值的影响;然后检验国有企业政治治理对董事会决策的影响;最后控制董事会决策,检验国有企业政治治理对企业价值的影响,若国有企业政治治理对企业价值的提升效应减弱,则说明国有企业政治治理通过提高董事会异议,进而提升了企业价值。

3.3.1 国有企业政治治理对董事会决策的影响:董事层面的分析

关于政治型董事是否更倾向于在董事会决策过程中发表异议,存在两种可能的解释。一方面,政治型董事会基于政治逻辑和政治责任的考虑,对大规模投资、重大资产变动等可能造成国有资产流失的事项投反对票。不同于独立董事要担心因对董事会决议表达异议而不能在下一个任期连任的风险(郑志刚等,2016),政治型董事有上级党委的支持,从而拥有质疑董事会决策的底气。此外,国有企业的高层管理者一般都具有行政级别,基于未来职业生涯中晋升的考虑,政治型董事可能会通过在董事会决策过程中发表异议,向上级主管领导、投资者、社会公众等传递自身积极履责的信号(程博等,2017)。另一方面,政治型董事可能缺少财务、金融、法律等专业知识背景,尤其对国有企业的实际工作缺乏了解,从而无法对董事会决议中的具体事项发表异议。

结合我国国有企业改革和治理实践中党组织的地位和作用变化,对大多数国有上市公司而言,董事会成员中经济型董事占多数,政治型董事的作用在一定程度上受到限制。但近年来随着党和国家对国有企业政治治理的高度重视，要求国有企业党委会治理进入公司章程，明确党组织的领导核心和政治核心地位，党委会对"三重一大"事项先行集体讨论，进行政治把关，形成意见后再交由董事会讨论决策，这种"讨论前置"制度实施后，政治型董事在董事会决策中的地位和作用都有了保障。

政治型董事能否在董事会决策过程中发表异议也会受到不同情境因素的影响，董事的性别、年龄、声誉以及所拥有的行政背景、专业背景、实务工作经历等，都可能影响其在董事会决策过程中发表异议的倾向。而且不同议案类型也是影响政治型董事是否在董事会决策过程中发表异议的重要因素，国有企业的党组织一般对高层管理者人事变动、募集资金、重大投资事项等重要议案有更高的关注度，政治型董事更可能对这类议案投反对票，而对于关联交易、审计事项、年度报告等常规议案较少发表异议。

3.3.2 国有企业政治治理对董事会决策的影响：企业层面的分析

一方面，国有企业政治治理能够发挥治理作用，为企业把关定向，强化党组织在法人治理结构中的领导核心和政治核心地位。党组织成员与董事会成员之间的"双向进入"能够显著提高董事会效率。党组织成员在参与董事会决策的过程中，将自身的政治目标和社会目标内化到决议事项里，在简化决策环节的同时实现政治逻辑和经济逻辑的有机统一，这比党组织单独实现政治目标而董事会单独实现经济目标的效率更高，因此政治治理能够提高公司运营效率（雷海民等，2012）。在党委书记兼任董事长或总经理的情况下，决策过程中能够综合考虑各种风险和收益，进行审慎的决策，从而减少过度投资行为，提高企业的投资效率（程博等，2015）。黄文锋等（2017）还证明了党组织的治理能够促进董事会非正式层级平等化。但也有研究发现，党组织对公司治理水平的影响是倒"U"形的（马连福等，2012），有党组织参与治理的企业承担了更多的冗余雇员（马连福等，2013），因此需要进一步探索国有企业政治治理发挥作用的边界条件（黄文锋等，2017）。

另一方面，国有企业政治治理能够发挥监督作用，在一定程度上抑制由内部人控制产生的代理问题，制衡投机行为，减少代理成本（王元芳和马连福，2014），以及抑制高管攫取超额薪酬、减少高层管理者与普通员工的薪酬差距（马连福等，2013）、抑制大股东掏空行为（熊婷等，2015）和并购中的国有资产流失（陈仕华和卢昌崇，2014），实现国有资产保值增值。除此之外，国有企业政治治理还能提高审计水平，程博和王菁（2014）、程博等（2017）的研究表明，存在"交叉任职"（党委书记兼任董事长或总经理）的国有企业更可能雇用高质量的审计机构，目的是向上级领导和市场传递自身管理能力强和企业治理效果好的信号，从而增加晋升概率。

根据以上分析，国有企业党组织主要通过"双向进入、交叉任职"的方式进入董事会，并影响董事会决策，但在不同情境下的影响方向和影响大小也是有差别的。例如，在不同层级（中央国企、地方国企）的国有企业中，党组织的地位和作用存在差异，势必会影响董事会投票过程。已有学者研究还发现在业绩较差的公司中，董事投反对票的概率会显著提高（祝继高等，2015）。

3.3.3 国有企业政治治理影响董事会决策的经济后果

基于高阶理论在公司治理领域的相关研究成果，戈尔和拉希德（Goll and Rasheed，2005）研究发现，高管团队的特征主要通过影响决策过程影响组织绩效；佩蒂格鲁（Pettigrew，1992）也认为，如果缺少董事会决策过程的直接证据，很容易导致逻辑跳跃过大，因此要深入调查董事会的实际决策过程，增加对决策过程和情景因素的考虑。本书认为，国有企业政治治理发挥作用的机制是：党组织成员以"双向进入、交叉任职"的方式进入董事会，能够改善公司治理环境，并将政治目标内化到董事会决策过程中，影响董事会成员的投票表决倾向，进而影响企业价值。已有学者的研究能够支持这一分析思路，例如，熊婷等（2015）以资源依赖理论为基础，阐述了党组织与治理层和管理层的任职重合能够提高企业资源获取和运用能力，从而提高企业绩效。

常和王（Chang and Wong，2004）研究表明，国有企业政治治理与企业价值或企业绩效之间不是简单的线性相关关系，如果党委的决策权超过控股大股东，对企业绩效有积极影响；如果党委的决策权超过经理层，对企业绩效有负向影响，曲亮等（2016）在研究董事会权力配置模式的过程中也发现了经济型董事的比例与企业绩效之间是正"U"形关系。此外，党组织的治理效果在不同类型的国有企业中也是有差异的，对于公益类国有企业而言，党委会参与公司治理与企业绩效正相关；对于商业类国有企业而言，党委会参与公司治理与企业绩效是倒 U 形关系。这说明国有企业政治治理对企业价值还会受到复杂情境因素的影响，一方面，国有企业所处地区的市场化程度会对政治治理与企业价值之间的关系起到调节作用，因为在地区市场化程度较高的情况下，国有企业的市场化程度也会比较高，从而更容易遵循市场机制运行规律，而在市场机制不够健全的情况下，党委会能够发挥"总揽全局，协调各方"的作用（杨宇立和沈桂龙，2006）；另一方面，国有企业与控股股东之间的金字塔层级也会对政治治理与企业价值之间的关系起到调节作用，理由是在金字塔层级较低的国有企业中，董事会决策更偏好于政治逻辑，在金字塔层级较高的国有企业中，董事会决策更偏好于经济逻辑。

根据以上分析，我国国有企业党组织通过"双向进入、交叉任职"的方式参与董事会决策，在决策过程中融合政治逻辑和经济逻辑，也融合政治目标和经济目标，影响董事会决策，进而影响企业价值，国有企业所处地区的市场化程度、国有企业与控股股东之间的金字塔层级会对政治治理与企业价值之间的关系起到调节作用。

综上所述，国有企业政治治理影响董事会决策的理论框架如图 3-3 所示。

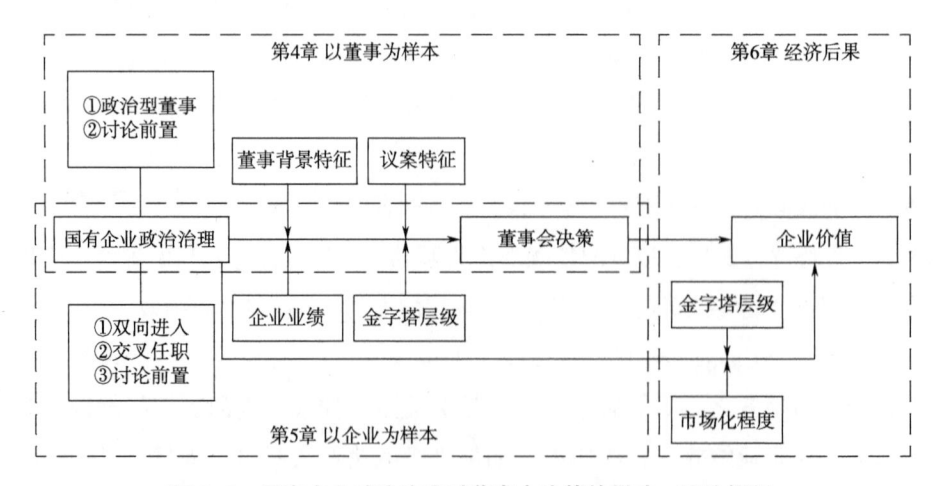

图 3-3 国有企业政治治理对董事会决策的影响：理论框架

4 国有企业政治治理对董事会决策的影响：以董事为样本

本章采用实证分析方法，从董事层面建立计量模型，检验国有企业政治治理对董事会决策的影响。主要依据上市公司的董事会决议展开，收集2005—2017年我国A股上市公司历次董事会决议，提取董事会成员的具体投票信息做成指标，再根据是否有党组织身份背景，将董事会成员划分为政治型董事和经济型董事，考察政治型董事对董事会议案的异议行为，以及董事的政府背景、专业背景、实务工作经历等对其异议行为的影响。

4.1 研究假设

4.1.1 政治治理与董事异议

党组织作为我国国有企业的重要利益相关者，以"双向进入、交叉任职"的方式参与董事会决策，有党组织身份背景的董事被界定为政治型董事，其余没有党组织身份背景的董事被界定为经济型董事。政治型董事由于遵循政治逻辑，追求在做强做优做大国有企业的同时兼顾好国有企业的政治使命和社会责任，因此在董事会决策过程中的投票行为倾向可能不同于追求利润最大化的经济型董事。在我国国有企业改革和公司治理实践中，虽然曾经实行党委领导下的厂长负责制，相关文件也在不断强调党对国有企业的领导，但在发展社会主义市场经济、推行产权改革的过程中，党组织在国有企业中经常被弱化和边缘化（林尚立，2010），董事会成员中也是经济型董事占多数，政治型董事的作用在一定程度上受到限制。而且政治型董事一般长期从事党组织相关工作，与经济型董事相比，缺少财务、金融、法律等专业知识背景，也缺乏实践经验，从而较少对董事会决议中的具体事项发表异议。因此，提出假设：

假设 4-1 相比于经济型董事，政治型董事更不倾向于对董事会决议发表异议。

在新时期我国深化国有企业改革的背景下，要求加强政治治理，将党建工作纳入公司章程，而且实行重大决策事项"讨论前置"，将党委会讨论作为董事会讨论的前置事项，极大地提升了政治型董事的地位和积极性，更多发表异议。因此，提出假设：

假设 4-2 讨论前置制度实施后，政治型董事更倾向于对董事会决议发表异议。

4.1.2 行政治理与董事异议

我国的经济体制改革是由计划经济逐渐转向社会主义市场经济的，实施的是渐进式的改革，因此行政治理在相当长的一段时间内影响着国有企业董事会的决策。国有企业行政治理主要指上级政府部门对国有企业的行政命令控制，比较典型的做法是直接为国有企业指派高层管理者，这种强监管的治理方式可能有违现代企业制度的公平竞争原则，容易导致政企不分、内部治理关系虚化等问题，也缺乏有效的激励约束机制（宋成珍，2004；王智丰和袁政，2011）。于文超等（2012）、王凯等（2015）、叶青等（2016）的研究都发现了独立董事具有官员背景会对企业有一定的影响。本书采用董事是否有政府工作背景衡量国有企业行政治理，若董事有政府工作背景（人大代表、政协委员、政府官员等），值为1，否则为0。有政府工作背景的董事，虽然能够为企业带来更多的资源优势，但也容易带有偏保守的行政思维，与经济型董事相比独立性更差，从而较少在董事会决策过程中发表异议。因此，提出假设：

假设 4-3 相比于没有政府工作背景的董事，有政府工作背景的董事更不倾向于对董事会决议发表异议。

4.1.3 晋升动机与董事异议

在"党管干部"的原则下，上级党委掌握着人事任免权，国有企业的高层管理者一般具有行政级别,既有经济人的身份,又有政治人的身份(杨瑞龙等,2013),他们可以通过在董事会决策过程中发表异议,向上级主管领导传递自身积极履行职责的信号,获取市场信任和上级赏识,从而增加在未来的职业生涯中晋升的概率(程博等,2017)。为了检验晋升动机对董事异议的影响,本书设置一个"未临近退休"的变量来衡量董事的晋升动机,若董事的年龄低于56岁,值为1,否则为0。如果董事的年龄低于56岁,退休前至少还有一届任期,政治晋升的动机较强,更可能在董事会决策过程中发表异议;而当董事的年龄高于56岁时,已经临近退休,基于政治晋升的动机对董事会决议表达异议的可能性很小。因此,提出假设:

假设4-4 若董事未临近退休,基于晋升动机的考虑会更倾向于对董事会决议发表异议。

4.1.4 专业能力与董事异议

财务报告、关联交易、资产变动等多数董事会议案的决策都需要董事具有较强的专业背景(叶康涛等,2011),《关于在上市公司建立独立董事制度的指导意见》也要求上市公司的董事会中至少有一名会计人员,足见专业背景对董事会决策过程的重要性。克莱恩(Klein,1998)的理论研究表明,具有财务、金融等专业背景知识的董事在审核年度报告、确定投资方案等董事会决策的过程中更容易发现问题,并及时发表意见;帕克和申(Park and Shin,2004)、王兵(2007)以及胡奕明和唐松莲(2008)的实证研究也都支持有财务背景或银行工作背景的独立董事能够更好地发挥公司治理和监督作用,减少企业的盈余管理行为。同时,阿格拉瓦尔和查达(Agrawal and Chadha,2005)研究发现,有财务背景的董事还可以减少财务重述行为,从而能够降低企业的财务风险。本书从财务和金融背景的角度检验专业背景对董事异议的影响,若董事有财务或金融背景,值为1,否为0。根据前文的分析,有专业能力的董事更可能发表异议。因此,提出假设:

假设4-5 相比于没有财务或金融专业背景的董事,有财务或金融专业背景的董事更倾向于对董事会决议发表异议。

4.1.5 实务背景与董事异议

根据董事的咨询和治理功能，有实务工作背景的董事拥有丰富的公司管理经验和专业的管理能力，能够从企业实际出发看待董事会决策，发表更符合企业实际的对策与建议。布里克利和詹姆斯（Brickley and James，1987）以及魏斯巴赫（Weisbach，1988）研究发现，根据董事的监督职能，有实务工作背景的董事更为熟悉公司内部的实际运营情况，也更有可能及时发现损害股东利益的行为，从而对董事会决议发表异议，提醒投资者关注风险。此外，基于未来职业发展和发表异议后果的角度考虑，有实务工作背景的董事不必像独立董事那样惧怕因为质疑高层管理者的决议而受到排挤，从而能够较好履行决策和监督职能，根据现实需要积极发表异议。本书在考察实务工作背景对董事异议行为的影响时，若董事有生产、研发、设计、人力资源、管理、市场等实际业务部门的工作经验，值为 1，否为 0。有实务工作背景的董事，无论基于个人管理能力还是职业发展的考虑，都更可能在董事会决策过程中发表异议。因此，提出假设：

假设 4-6 相比于没有实务背景的董事，有实务背景的董事更倾向于对董事会决议发表异议。

4.1.6 议案类型与董事异议

不同议案类型也会影响董事异议的倾向，主要是基于议案重要性和其他管理者的接受度两方面的考虑。一方面，对于可能危害国家或投资者利益、影响企业发展的重大议案，例如，唐等（Tang et al.，2013）提出的重要人事变动、唐等（Tang et al.，2013）、郑志刚等（2016）提出的大额贷款担保、唐清泉和罗党论（2006）提出的重大资产变动等事项，董事可能出于谨慎和风险规避原则的考虑投反对票。另一方面，董事也会考虑发表异议对自身职业发展的影响和后果。郑志刚等（2016）研究发现，若董事对股权变动和募集资金事项发表异议，在下一个任期获得连任的概率会降低；若董事对年度报告、关联交易、贷款担保、投资收购、审计和其他决策发表异议，在下一个任期获得连任的概率会提高。李俊强和徐丹（2017）的研究也表明，独立董事对人事薪酬事项提出否定意见时，获得连任的概率会提高，而对关联交易和担保事项出具否定意见时，获得连任的概率会降低；而且集体出具否定意见时获得连任的概率较高，单独出具否定意见时获得连任的概率较低。本书根据董事会议案的重要性，将高层管理者人事变动、募集资金、重大投资事项等类型的议案划分为重要议案，将关联交易、审计事项、年度报告等划分为常规议案。政治型董事会基于政治逻辑和政治责任的考虑，对大规模投资、重大资产变动等可能造成国有资产流失的事项投反对票。因此，提出假设：

假设4-7 相比于关联交易、审计事项、年度报告等常规议案，董事更倾向于对高层管理者人事变动、募集资金、重大投资事项等重要事项的议案发表异议。

综上所述，国有企业政治治理对董事会决策过程的影响在董事层面上体现为政治型董事的异议行为，具体的影响机制如图4-1所示。

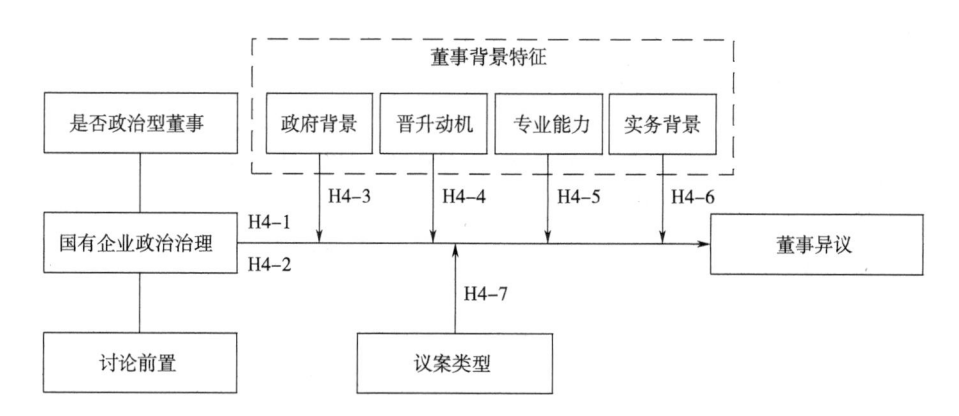

图4-1 国有企业政治治理对董事会决策的影响（以董事为样本）

4.2 模型、变量与数据

4.2.1 模型设定

为了在董事层面上检验国有企业政治治理对董事会决策过程的影响，本书借鉴叶康涛等（2011）、祝继高等（2015）、姜等（Jiang et al.，2016）的研究方法，采用条件 Logit 回归模型分析国有企业政治型董事对董事会议案的异议倾向，并控制了董事个人特征和议案固定效应。具体而言，为了检验假设 4-1 和假设 4-2，本书构建了如下回归模型：

$$\ln\left(\frac{P(dissent_{i,j,k,t}=1)}{1-P(dissent_{i,j,k,t}=1)}\right) = \alpha + \beta \cdot pol\_dir_{i,j,t} + \psi \cdot Control_{i,j,t} + \varepsilon_{i,j,k,t} \quad (1)$$

在模型（1）中，被解释变量 $dissent_{i,j,k,t}$ 用来表示董事的异议行为，是一个虚拟变量，当董事 i 在时间 t 对公司 j 的议案 k 表达了异议时，值为1，否则为0；解释变量 $pol\_dir_{i,j,t}$ 用来表示董事的类型，也是虚拟变量，若董事 i 在时间 t 为公司 j 的党委（党组）成员，值为1，否则为0；$Control_{i,j,t}$ 为一组控制变量的合集，包含董事的性别、年龄、薪酬、持股比例、任职时间等；$\varepsilon_{i,j,k,t}$ 为回归模型的残差项。

本书采用企业内配对样本的方法，考察不同类型的董事面对同一家公司在同一时间的同一份董事会决议时的投票表决差异，这是一种比较理想的解决内生性问题的方法（杜巨澜等，2012），能够保证在董事会决策过程中发表异议和未发表异议的董事所在的企业特征完全一致，从而计量模型中不再需要控制企业层面特征的影响。

为了检验假设 4-3~4-6，本书构建了如下回归模型：

$$\ln\left(\frac{P(dissent_{i,j,k,t}=1)}{1-P(dissent_{i,j,k,t}=1)}\right) = \alpha + \beta \cdot pol\_dir_{i,j,t} + \psi \cdot Control_{i,j,t} \quad (2)$$
$$+ \gamma_1 \cdot pol\_dir_{i,j,t} \cdot govback_{i,j,t} + \varepsilon_{i,j,k,t}$$

$$\ln\left(\frac{P(dissent_{i,j,k,t}=1)}{1-P(dissent_{i,j,k,t}=1)}\right) = \alpha + \beta \cdot pol\_dir_{i,j,t} + \psi \cdot Control_{i,j,t} \quad (3)$$
$$+ \gamma_2 \cdot pol\_dir_{i,j,t} \cdot unretiring_{i,j,t} + \varepsilon_{i,j,k,t}$$

$$\ln\left(\frac{P(dissent_{i,j,k,t}=1)}{1-P(dissent_{i,j,k,t}=1)}\right) = \alpha + \beta \cdot pol\_dir_{i,j,t} + \psi \cdot Control_{i,j,t} \quad (4)$$
$$+ \gamma_3 \cdot pol\_dir_{i,j,t} \cdot proback_{i,j,t} + \varepsilon_{i,j,k,t}$$

$$\ln\left(\frac{P(dissent_{i,j,k,t}=1)}{1-P(dissent_{i,j,k,t}=1)}\right) = \alpha + \beta \cdot pol\_dir_{i,j,t} + \psi \cdot Control_{i,j,t} \quad (5)$$
$$+ \gamma_4 \cdot pol\_dir_{i,j,t} \cdot praback_{i,j,t} + \varepsilon_{i,j,k,t}$$

在模型（2）~（5）中，被解释变量 $dissent_{i,j,k,t}$、解释变量 $pol\_dir_{i,j,t}$ 以及控制变量 $Control_{i,j,t}$ 的含义和赋值方法均与模型（1）相同，而本书的调节变量 $govback_{i,j,t}$、$unretiring_{i,j,t}$、$proback_{i,j,t}$、$praback_{i,j,t}$ 分别代表董事的政府背景、晋升动机、专业能力和实务背景。根据研究假设和各变量的含义，预期董事政府背景（poldir_govback）系数为负，其他调节变量的系数为正。

4.2.2 变量定义

被解释变量为董事异议。根据沪深两市证券交易所的规定，在上市公司董事会决策过程中，有表决权的董事需要对相关议案进行投票，有同意、反对、弃权共三种选择，如果董事对某项议案投反对票或弃权票，还需要说明理由。本书认为，董事投反对票是一种表达强烈异议的方式，而投弃权票也是一种表达异议的方式，同样会影响到董事会议案的通过与否，所以本书将董事投反对票和弃权票都视作董事异议，值为1，否则为0。

解释变量为国有企业政治治理，包括两个方面的变量。第一种是由于国有企业党组织成员与董事会成员"双向进入、交叉任职"而形成的政治型董事，如果董事有党组织身份背景，则 pol_dir 值为1，否则为0；第二种是国有企业实施重大决策事项"讨论前置"，中央国企从2015年开始，值为1，地方国企从2016年开始，值为1，否则为0。

调节变量为董事的特征变量，分别是董事的政府背景、晋升动机、专业能力和实务背景。调节变量均为0-1变量：①如果样本公司的董事会成员具有在政府部门的工作背景，例如，担任人大代表、政协委员、政府官员等，值为1，否则为0。②为了检验晋升动机对董事异议的影响，考察是否临近退休对董事异议的影响，本书借鉴程博等（2017）的研究，按照董事的年龄设置虚拟变量，若董事年龄低于56岁，至少还有一届任期，有较强的晋升动机，更可能在董事会决议中对相关议案表示异议，从而向上级传递积极履责的信号，值为1；而当董事年龄高于56岁时，已临近退休，晋升动机较弱，决策风格更趋于稳健，对董事会决议的议案表示异议的可能性会降低，值为0。③专业能力较强的董事，更可能发表异议，如果样本公司的董事具有财务或金融专业的背景，值为1，否则为0。④无论基于个人管理能力还是职业发展的考虑，有实务工作背景的董事都更可能在董事会决策过程中发表异议，如果董事有国有企业实际业务部门的工作背景（生产、研发、设计、人力资源、管理、市场等），值为1，否则为0。

除此之外，不同议案类型也会影响董事异议的倾向。为了检验假设4-7，本书首先参考祝继高等（2015）的研究，将议案划分为12个类型，分别是：人事变动事项、董事和高管薪酬事项、年度报告事项、关联交易事项、担保事项、投资收购事项、审计事项、股权变动事项、募集资金事项、资产变动事项、股权分置改革事项、其他事项，设置11个虚拟变量；再根据董事会议案的相对重要性，将高层管理者人事变动、募集资金、重大投资事项等类型的议案划分为重要议案，将关联交易、审计事项、年度报告等划分为常规议案。政治型董事基于政治逻辑和政治责任的考虑，更可能对大规模投资、重大资产变动等可能造成国有资产流失的事项投反对票。

控制变量为董事会成员的性别、年龄、报酬、持股比例、任现职年限、声誉等。具体研究成果为：①根据唐方方和高玥（2013）的研究，男女在风险偏好和利他偏好上的差异导致投票行为的差异，若董事为男性，值为1，否则为0。②董事的投票行为倾向会随着年龄发生变化，这一观点已经在学者们的研究中得到支持（叶康涛等，2011；祝继高等，2015），本书也将董事年龄（10岁的倍数）作为控制变量。③考虑到薪酬的绝对值是标量，而且不同董事之间的薪酬数值差异很大，而本书的多数变量为0-1变量，变量之间比较大的量级差异会影响计量模型估计结果的准确性，故对董事薪酬取对数处理。④持股比例高的董事，出于自身利益的考虑，会更有积极性参与企业决策，对重大风险事项也更为关注，从而发表异议的可能性较大，本书采用董事年末持股数除以总股数来衡量董事的持股比例。⑤郑志刚等（2016）研究发现，独立董事一般不倾向于在第一个任期发表异议，而在第二个任期发表异议，叶康涛等（2011）的研究也表明，独立董事与董事长的任职先后顺序影响其独立性，从而影响异议行为，本书将董事担任当前职位的时间作为控制变量。⑥若董事能够在多家公司任职，一般代表其具有较好的声誉，能够获得更多公司的认可，本书采用兼任职务为董事的公司数来衡量董事的声誉情况。

本章的计量模型所涉及的主要变量定义见表4-1。

表4-1 变量定义

变量类别	变量名称	变量符号	变量定义
董事决策	董事异议	$dissent$	若董事对某个议案存在异议，值为1，否则为0
政治治理	政治型董事	$poldir$	若董事为党委（党组）成员，值为1，否则为0
	讨论前置	$discuss$	中央国企从2015年开始值为1，地方国企从2016年开始值为1，否则为0
董事特征	性别	$gender$	若董事为男性，值为1，否则为0
	年龄	age	董事年龄（10岁的倍数）
	薪酬	$salary$	ln（1+董事在报告期的报酬总额）
	持股比例	$share$	董事年末持股数/总股数（‰）
	任现职年限	$tenure$	从任现职开始到统计截止日期的时间（若在年中离任，则统计到离任的日期），向上取整
	声誉	$totco$	兼任职务为董事的公司数，包括股东单位和非股东单位的兼职情况
	政府背景	$govback$	若董事有政府工作背景（人大代表、政协委员、政府官员等），值为1，否则为0
	晋升动机	$unretiring$	若董事年龄低于56岁，未临近退休，值为1，否则为0
	专业能力	$proback$	若董事有财务或金融背景，值为1，否则为0
	实务背景	$praback$	若董事拥有国有企业实际业务部门的工作背景（生产、研发、设计、人力资源、管理、市场等），值为1，否则为0
其他变量	议案类型	$type$	12个议案类型，设置11个虚拟变量，分成两大类（重要议案和常规议案）

4.2.3 数据说明

本章的实证研究以 2005—2017 年沪深两市 A 股国有上市公司为基础样本，剔除 ST、*ST 等，剔除金融行业的上市公司。具体数据获取和整理过程如下：第一步，从上海证券交易所和深圳证券交易所的网站收集国有上市公司历次董事会决议公告①，共计 63 756 份（上海证券交易所 58 356 份，深圳证券交易所 5 400 份）；第二步，筛选出有董事投反对票的样本，共计 598 份（上海证券交易所 86 个董事会决议中有董事异议，深圳证券交易所 512 个董事会决议中有董事异议）；第三步，手工整理议案信息和董事会决策过程（m 票同意，n 票反对，p 票弃权）②；第四步，结合新浪财经网站上的历届董事会成员资料和上市公司年报，反复核对后确定每个议案的投票董事名单，以及每个董事的具体投票情况（同意、反对、弃权），形成被解释变量（董事异议）的指标数据；第五步，从 CSMAR 经济金融研究数据库获取上市公司董事的任职信息和兼任情况，结合手工查阅上市公司年报中的董事、监事、高层管理者任职信息和简历等，整理出党组织成员名单（党委书记、党委副书记、党委委员）；第六步，将党组织成员名单匹配进投票董事名单，将董事会成员按照是否有党组织身份背景划分为政治型董事和经济型董事，形成解释变量（政治型董事）的指标数据。此外，上市公司董事的年龄、性别、薪酬、任职时间等数据均来自 CSMAR 经济金融研究数据库。

整理后得到如表 4-2 所示的样本数据概况。从上海证券交易所网站获取到的董事会决议公告中，512 个董事会决议中有董事异议，这 512 个董事会决议包含 3 618 个议案，其中有反对/弃权票的议案 1 117 个，有投票权董事都同意的议案 2 551 个，再剔除具体反对/弃权董事姓名不明确的议案 226 个，

---

① 上海证券交易所：网址为 http：//www.sse.com.cn/home/search/? webswd =%E8%91%A3%E4%BA%8B%E4%BC%9A%E5%86%B3%E8%AE%AE，检索词为"董事会决议"，时间范围选择"全部时间"，操作时间是 2018 年 11 月 21 日。深圳证券交易所：网址为 http：//www.szse.cn/disclosure/listed/notice/index.html，检索词为"董事会决议"，时间范围选择"不限"，操作时间是 2018 年 11 月 21 日。下同。

② 多数上市公司的董事会决议公告只包含参与投票的董事人数，而没有具体的投票董事名单。

此外还有 2 个议案全部董事都反对，也应剔除，最后剩余 889 个议案，涉及 8 323 个董事（人次），其中反对 611 人次，弃权 692 人次。从深圳证券交易所网站获取到的董事会决议公告中，86 个董事会决议中有董事异议，这 86 个董事会决议包含 524 个议案，其中有反对/弃权票的议案 176 个，有投票权董事都同意的议案 348 个，再剔除具体反对/弃权董事姓名不明确的议案 36 个，此外还有 2 个议案全部董事都反对，也应剔除，最后深市剩余 137 个议案，涉及 1 304 个董事（人次），其中反对 92 人次，弃权 162 人次。

表 4-2 样本数据概况

项目	深圳证券交易所	上海证券交易所	合计
有异议的董事会决议数	86	512	598
包含的议案数	524	3 618	4 142
有反对/弃权票的议案数	176	1 117	1 293
有投票权董事都同意的议案数	348	2 551	2 899
反对/弃权董事姓名不明确的议案数	36	226	262
全部董事都反对的议案数	2	2	4
进入本书样本的议案数	137	889	1 026
涉及的董事人次	1 304	8 323	9 627
反对的董事人次	92	611	703
弃权的董事人次	162	692	854
同意的董事人次	1 050	7 020	8 070

4.3 实证分析结果

4.3.1 描述性统计分析

表 4-3 为主要变量的描述性统计分析结果。董事异议（$dissent$）的均值为 0.162，表明在 9 627 个观测样本中，16.2% 的董事在董事会决策过程中

发表了异议,对相关议案投了反对票或弃权票;政治型董事(*poldir*)的均值为 0.071,表明在 9 627 个观测样本中,仅有 7.1%的董事拥有党组织身份的背景,董事会成员中还是经济型董事占多数;样本中 24.8%的董事有政府工作背景(*govback*),36.2%的董事有财务或金融背景,66.6%的董事有国有企业实务部门的工作经验。在控制变量方面,样本中男性董事占91.0%,董事年龄(*age*)最小为 26 岁,最大为 80 岁,样本董事的平均年龄为 51~52 岁;董事薪酬(*salary*)的标准差为 43.919,说明样本董事之间的薪酬差异比较大;董事的平均持股比例为 5.7%,任现职时间的均值为3.485 年。

表 4-3 描述性统计分析

变量	观测值	均值	标准差	中位数	最小值	最大值
董事异议	9 627	0.162	0.368	0.000	0.000	1.000
政治型董事	9 627	0.071	0.257	0.000	0.000	1.000
性别(男)	9 627	0.910	0.286	1.000	0.000	1.000
年龄	9 627	5.163	0.830	5.100	2.600	8.000
薪酬	9 627	16.128	43.919	4.760	0.000	811.310
持股比例	9 627	0.057	1.459	0.000	0.000	76.840
任现职年限	9 627	3.485	2.763	3.000	1.000	18.000
声誉	9 627	0.689	1.397	0.000	0.000	37.000
政府背景	9 627	0.248	0.432	0.000	0.000	1.000
专业能力	9 627	0.362	0.481	0.000	0.000	1.000
实务背景	9 627	0.666	0.472	1.000	0.000	1.000

中央国有企业从 2015 年开始、地方国有企业从 2016 年开始实施重大决策事项讨论前置制度。本书进一步按照国有企业"讨论前置"制度实施前后,将全样本分为两个部分,进行分组的描述性统计分析,结果见表 4-4。T 检验结果表明,除董事性别(*gender*)和董事声誉(*totco*)这两个变量的样本均值在讨论前置实施前后没有明显差异外,其余变量的样本均值在讨

论前置实施前后均存在显著差异。讨论前置实施后，国有企业董事异议（dissent）和政治型董事（poldir）的比例均高于讨论前置实施前，表明国有企业在实施政治治理的过程中，重大决策事项讨论前置制度对董事会决策产生了一定的影响。

表4-4 分组描述性统计分析

变量	讨论前置实施前 样本量	讨论前置实施前 均值	讨论前置实施后 样本量	讨论前置实施后 均值	显著性检验
董事异议	7 463	0.154	2 164	0.188	-0.033***
政治型董事	7 463	0.064	2 164	0.098	-0.035***
性别	7 463	0.909	2 164	0.915	-0.006
年龄	7 463	5.137	2 164	5.253	-0.116***
薪酬	7 463	13.878	2 164	23.888	-10.010***
持股比例	7 463	0.013	2 164	0.209	-0.195***
任现职年限	7 463	3.345	2 164	3.967	-0.622***
声誉	7 463	0.683	2 164	0.711	-0.028
政府背景	7 463	0.240	2 164	0.274	-0.034***
专业能力	7 463	0.333	2 164	0.463	-0.130***
实务背景	7 463	0.645	2 164	0.737	-0.092***

注：***、**、*分别表示1%、5%和10%的显著性水平。

4.3.2 相关分析

表4-5为相关性分析结果。被解释变量董事异议（dissent）与解释变量政治型董事（poldir）之间的相关系数为负，说明政治型董事更不倾向于对董事会决议发表异议，该系数的符号与研究假设4-1的预期相符合。模型中解释变量与控制变量两两之间的相关系数均小于0.3，表明不存在严重的多重共线性问题。

表 4-5 相关分析

变量	董事异议	政治型董事	性别	年龄	薪酬	持股比例	任现职年限	政府背景	声誉	专业能力	实务背景
董事异议	1.000										
政治型董事	-0.036	1.000									
性别	-0.035	0.042	1.000								
年龄	-0.110	0.037	0.113	1.000							
薪酬	-0.095	0.022	0.033	0.025	1.000						
持股比例	0.011	-0.007	0.007	-0.010	0.208	1.000					
任现职年限	-0.004	0.009	-0.050	0.222	0.126	0.008	1.000				
政府背景	-0.007	0.048	0.079	0.207	0.007	-0.004	0.067	1.000			
声誉	-0.045	0.053	0.045	-0.035	0.148	0.003	0.021	0.022	1.000		
专业能力	0.085	-0.093	-0.155	-0.073	-0.068	-0.028	0.101	0.055	0.030	1.000	
实务背景	-0.076	0.130	0.150	0.100	0.123	-0.015	0.133	0.081	0.028	0.058	1.000

4.3.3 回归分析

表4-6为政治型董事与董事异议的回归分析结果，汇报指数化处理后的系数，代表可能性比（odds ratio，OR），即事件发生的概率与事件不发生的概率之间的比值，在本书中就是董事异议的概率和董事无异议的概率之间的比值。在全样本回归模型中，OR显著小于1，政治型董事更不倾向于发表异议，研究假设4-1得到支持，一个可能的原因是董事会里政治型董事占少数，由于保守等因素较少异议；另一个原因是政治型董事没有经济型董事懂业务，不轻易表示异议，更多投同意票。在分组样本回归模型中，讨论前置实施前OR显著小于1，但讨论前置实施后，OR变得不显著，说明随着国有企业政治治理的加强，政治型董事的地位有所提升，异议不再显著少于经济型董事，研究假设4-2得到支持。

表 4-6 政治型董事与董事异议

被解释变量：董事异议	全样本		讨论前置实施前		讨论前置实施后	
	逻辑回归	条件逻辑回归	逻辑回归	条件逻辑回归	逻辑回归	条件逻辑回归
	(1)	(2)	(3)	(4)	(5)	(6)
政治型董事	0.703***	0.723**	0.704**	0.594***	0.742	0.997
	(-2.674)	(-2.369)	(-2.135)	(-2.694)	(-1.331)	(-0.017)
性别	1.107	1.150	0.853	0.828*	3.369***	4.581***
	(1.121)	(1.458)	(-1.590)	(-1.836)	(4.689)	(5.808)
年龄	0.702***	0.693***	0.673***	0.676***	0.790***	0.795**
	(-9.697)	(-7.602)	(-9.226)	(-7.179)	(-2.891)	(-2.187)
薪酬	0.670***	0.623***	0.640***	0.588***	0.742***	0.731***
	(-17.747)	(-17.061)	(-16.600)	(-14.643)	(-6.850)	(-7.583)
持股比例	1.040***	1.016	0.004*	0.004	1.028**	1.016
	(2.824)	(1.286)	(-1.763)	(-1.584)	(2.098)	(1.124)
任现职年限	1.030**	1.068***	1.032**	1.049**	1.018	1.079**
	(2.448)	(3.313)	(2.316)	(2.246)	(0.902)	(2.331)
政府背景	1.170**	0.943	1.236**	0.972	1.040	0.872
	(2.254)	(-0.672)	(2.544)	(-0.246)	(0.313)	(-1.030)
声誉	0.920***	0.932***	0.926**	0.941*	0.900**	0.914**
	(-3.617)	(-2.689)	(-2.545)	(-1.667)	(-2.517)	(-2.507)
专业能力	1.509***	1.430***	1.398***	1.194**	1.663***	2.057***
	(6.674)	(5.230)	(4.698)	(2.233)	(4.116)	(5.385)
实务背景	0.726***	0.645***	0.798***	0.648***	0.498***	0.619***
	(-5.103)	(-5.555)	(-3.191)	(-4.486)	(-5.105)	(-3.622)
观测值数	9 627	9 627	7 463	7 463	2 164	2 164
可决系数	0.070	0.105	0.081	0.126	0.072	0.098

注：使用指数化的系数，括号内为 Z 值；***、**、* 分别表示 1%、5% 和 10% 的显著性水平。

为了考察董事的政府背景、晋升动机、专业背景、实务背景对董事异议行为的影响，将政治型董事与各变量的交乘项加入回归模型，结果见表 4-7。研究发现，有政府背景的政治型董事，更不倾向于在董事会决策过程中表达异议，研究假设4-3得到支持，说明行政治理的负面影响，与曲亮和任国良（2012）的研究结论类似，所以应该逐渐转向政治—经济型治理。研究还发现，基于晋升动机，若政治型董事未临近退休，更倾向于异议，研究假设4-4得到支持；若政治型董事有财务、金融背景，具有较强的专业能力，更倾向于异议，研究假设4-5得到支持；若政治型董事有实践工作背景，更了解国有企业的管理和实践，也会更倾向于异议，研究假设4-6得到支持。

表4-7 董事的政府背景、晋升动机、专业背景、实务背景对董事异议的影响

被解释变量：董事异议	政府背景 逻辑回归 (1)	政府背景 条件逻辑回归 (2)	晋升动机 逻辑回归 (3)	晋升动机 条件逻辑回归 (4)	专业背景 逻辑回归 (5)	专业背景 条件逻辑回归 (6)	实务背景 逻辑回归 (7)	实务背景 条件逻辑回归 (8)
政治型董事	0.789 (-1.527)	0.859 (-0.912)	0.513*** (-2.713)	0.446*** (-3.447)	0.529*** (-3.677)	0.565*** (-3.098)	0.464** (-2.058)	0.341*** (-2.891)
有政府背景的政治型董事	0.715 (-1.181)	0.623* (-1.712)						
具有晋升动机的政治型董事			1.602* (1.651)	2.217*** (2.645)				
具有专业能力的政治型董事					2.230*** (2.945)	2.176*** (2.821)		
具有实务背景的政治型董事							1.610 (1.197)	2.290** (2.168)
性别	1.111 (1.160)	1.154 (1.494)	1.100 (1.053)	1.138 (1.341)	1.107 (1.118)	1.154 (1.500)	1.111 (1.161)	1.157 (1.518)
年龄	0.700*** (-9.726)	0.694*** (-7.588)	0.707*** (-9.463)	0.702*** (-7.338)	0.703*** (-9.637)	0.690*** (-7.672)	0.701*** (-9.721)	0.692*** (-7.644)
薪酬	0.670*** (-17.744)	0.622*** (-17.038)	0.669*** (-17.744)	0.622*** (-17.003)	0.671*** (-17.627)	0.625*** (-17.017)	0.670*** (-17.651)	0.622*** (-17.067)
持股比例	1.040*** (2.831)	1.015 (1.266)	1.040*** (2.829)	1.016 (1.344)	1.040*** (2.794)	1.016 (1.303)	1.040*** (2.819)	1.016 (1.283)

续表

被解释变量：董事异议	政府背景 逻辑回归 (1)	政府背景 条件逻辑回归 (2)	晋升动机 逻辑回归 (3)	晋升动机 条件逻辑回归 (4)	专业背景 逻辑回归 (5)	专业背景 条件逻辑回归 (6)	实务背景 逻辑回归 (7)	实务背景 条件逻辑回归 (8)
任现职年限	1.031** (2.519)	1.069*** (3.438)	1.031*** (2.586)	1.070*** (3.535)	1.027** (2.235)	1.067*** (3.254)	1.030** (2.457)	1.068*** (3.327)
政府背景	1.198** (2.502)	0.972 (−0.321)	1.169** (2.237)	0.947 (−0.621)	1.162** (2.133)	0.934 (−0.777)	1.172** (2.268)	0.943 (−0.671)
声誉	0.918*** (−3.670)	0.930*** (−2.725)	0.919*** (−3.658)	0.930*** (−2.748)	0.918*** (−3.696)	0.929*** (−2.767)	0.918*** (−3.678)	0.930*** (−2.743)
专业能力	1.511*** (6.699)	1.434*** (5.266)	1.509*** (6.690)	1.438*** (5.303)	1.454*** (6.030)	1.386*** (4.829)	1.509*** (6.672)	1.430*** (5.233)
实务背景	0.724*** (−5.140)	0.641*** (−5.600)	0.726*** (−5.104)	0.647*** (−5.527)	0.728*** (−5.052)	0.641*** (−5.621)	1.000（完全共线性）	1.000（完全共线性）
观测值数	9 627	9 627	9 627	9 627	9 627	9 627	9 627	9 627
可决系数	0.071	0.106	0.071	0.107	0.072	0.106	0.071	0.106

注：使用指数化的系数，括号内为 Z 值；***、**、* 分别表示1%、5%和10%的显著性水平。

进一步根据董事会议案的重要性，将高层管理者人事变动、募集资金、重大投资事项等类型的议案划分为重要议案，将关联交易、审计事项、年度报告等划分为常规议案，分别进行回归，结果见表4-8。研究发现，政治型董事更倾向于对重要事项的议案发表异议，而对常规议案不倾向于发表异议，研究假设4-7得到支持。

表4-8 不同议案类型对董事异议的影响

被解释变量：董事异议	重要议案 逻辑回归 (1)	重要议案 条件逻辑回归 (2)	常规议案 逻辑回归 (3)	常规议案 条件逻辑回归 (4)
政治型董事	0.308*** (−4.872)	0.314*** (−4.186)	1.196 (1.098)	1.152 (0.846)

续表

被解释变量：董事异议	重要议案		常规议案	
	逻辑回归	条件逻辑回归	逻辑回归	条件逻辑回归
	（1）	（2）	（3）	（4）
重要议案	3.958***	3.733***		
	(4.841)	(4.083)		
常规议案			0.276***	0.301***
			(-4.420)	(-3.836)
性别	1.099	1.145	1.097	1.144
	(1.036)	(1.407)	(1.024)	(1.396)
年龄	0.702***	0.689***	0.702***	0.690***
	(-9.676)	(-7.707)	(-9.663)	(-7.700)
薪酬	0.672***	0.626***	0.672***	0.626***
	(-17.598)	(-16.839)	(-17.613)	(-16.859)
持股比例	1.040***	1.014	1.040***	1.015
	(2.800)	(1.205)	(2.802)	(1.213)
现任职年限	1.029**	1.069***	1.029**	1.069***
	(2.366)	(3.387)	(2.370)	(3.383)
政府背景	1.161**	0.937	1.161**	0.937
	(2.132)	(-0.744)	(2.126)	(-0.744)
声誉	0.914***	0.928***	0.914***	0.928***
	(-3.844)	(-2.812)	(-3.831)	(-2.805)
专业能力	1.501***	1.428***	1.501***	1.430***
	(6.584)	(5.225)	(6.590)	(5.242)
实务背景	0.720***	0.641***	0.721***	0.642***
	(-5.203)	(-5.636)	(-5.192)	(-5.623)
观测值数	9 627	9 627	9 627	9 627
可决系数	0.074	0.108	0.074	0.108

注：使用指数化的系数，括号内为Z值；***、**、*分别表示1%、5%和10%的显著性水平。

4.4 稳健性检验

前文的回归模型中对政治型董事的判定是根据董事是否在本企业的党组织内任职,本部分放宽对国有企业政治型董事的界定,将董事在本企业或股东单位的党组织任职都视作政治型董事,重新回归进行稳健性检验,政治型董事与董事异议的回归结果见表4-9,主要变量的系数符号和显著性未发生变化,研究假设4-1和研究假设4-2依然能够得到支持。

表4-9 政治型董事与董事异议(稳健性检验)

被解释变量:董事异议	全样本		讨论前置实施前		讨论前置实施后	
	逻辑回归	条件逻辑回归	逻辑回归	条件逻辑回归	逻辑回归	条件逻辑回归
	(1)	(2)	(5)	(6)	(7)	(8)
政治型董事	0.657***	0.728***	0.639***	0.566***	0.700*	1.042
	(−3.726)	(−2.700)	(−3.124)	(−3.206)	(−1.875)	(0.310)
性别	1.109	1.150	0.854	0.832*	3.373***	4.595***
	(1.139)	(1.463)	(−1.576)	(−1.782)	(4.715)	(5.823)
年龄	0.703***	0.695***	0.673***	0.677***	0.795***	0.794**
	(−9.687)	(−7.550)	(−9.239)	(−7.155)	(−2.833)	(−2.176)
薪酬	0.667***	0.622***	0.638***	0.587***	0.738***	0.731***
	(−17.882)	(−17.124)	(−16.671)	(−14.658)	(−7.011)	(−7.632)
持股比例	1.040***	1.016	0.004*	0.005	1.028**	1.016
	(2.814)	(1.290)	(−1.836)	(−1.638)	(2.114)	(1.122)
现任职年限	1.030**	1.068***	1.031**	1.049**	1.019	1.079**
	(2.459)	(3.315)	(2.252)	(2.234)	(0.941)	(2.335)
政府背景	1.170**	0.942	1.245***	0.979	1.021	0.873
	(2.251)	(−0.684)	(2.630)	(−0.188)	(0.165)	(−1.041)
声誉	0.920***	0.931**	0.927**	0.943	0.898**	0.914**
	(−3.622)	(−2.695)	(−2.526)	(−1.621)	(−2.521)	(−2.455)

续表

被解释变量：董事异议	全样本 逻辑回归	全样本 条件逻辑回归	讨论前置实施前 逻辑回归	讨论前置实施前 条件逻辑回归	讨论前置实施后 逻辑回归	讨论前置实施后 条件逻辑回归
	(1)	(2)	(5)	(6)	(7)	(8)
专业能力	1.503***	1.428***	1.381***	1.187**	1.677***	2.063***
	(6.657)	(5.231)	(4.527)	(2.156)	(4.228)	(5.409)
实务背景	0.729***	0.645***	0.796***	0.645***	0.510***	0.615***
	(−5.059)	(−5.541)	(−3.230)	(−4.524)	(−4.939)	(−3.667)
观测值数	9 627	9 627	7 463	7 463	2 164	2 164
可决系数	0.071	0.105	0.082	0.127	0.073	0.098

注：使用指数化的系数，括号内为 Z 值；***、**、*分别表示1%、5%和10%的显著性水平。

表4-10 为董事的政府背景、晋升动机、专业背景、实务背景对董事异议的影响的稳健性检验结果，政府背景、晋升动机、实务背景的系数和显著性与原来一致，研究假设4-3、研究假设4-4、研究假设4-6通过稳健性检验，专业背景的系数OR变成小于1，但未通过统计上的显著性检验，研究假设4-5未通过稳健性检验。

表4-10 董事的政府背景、晋升动机、专业背景、
实务背景对董事异议的影响（稳健性检验）

被解释变量：董事异议	政府背景 逻辑回归	政府背景 条件逻辑回归	晋升动机 逻辑回归	晋升动机 条件逻辑回归	专业背景 逻辑回归	专业背景 条件逻辑回归	实务背景 逻辑回归	实务背景 条件逻辑回归
	(1)	(2)	(3)	(4)	(5)	(6)	(7)	(8)
政治型董事	0.731**	0.849	0.444***	0.427***	0.661***	0.751*	0.455***	0.403***
	(−2.427)	(−1.213)	(−3.482)	(−3.869)	(−3.032)	(−1.889)	(−3.100)	(−2.972)
有政府背景的政治型董事	0.696	0.619**						
	(−1.416)	(−1.961)						
具有晋升动机的政治型董事			1.713**	2.194***				
			(2.063)	(3.018)				

续表

被解释变量：董事异议	政府背景 逻辑回归 (1)	政府背景 条件逻辑回归 (2)	晋升动机 逻辑回归 (3)	晋升动机 条件逻辑回归 (4)	专业背景 逻辑回归 (5)	专业背景 条件逻辑回归 (6)	实务背景 逻辑回归 (7)	实务背景 条件逻辑回归 (8)
具有专业能力的政治型董事					0.984 (−0.068)	0.907 (−0.385)		
具有实务背景的政治型董事							1.588 (1.635)	1.996** (2.195)
性别	1.111 (1.162)	1.154 (1.496)	1.102 (1.068)	1.136 (1.324)	1.109 (1.141)	1.151 (1.466)	1.112 (1.169)	1.161 (1.556)
年龄	0.701*** (−9.738)	0.695*** (−7.564)	0.710*** (−9.344)	0.707*** (−7.190)	0.703*** (−9.685)	0.696*** (−7.519)	0.702*** (−9.724)	0.694*** (−7.581)
薪酬	0.667*** (−17.869)	0.621*** (−17.092)	0.666*** (−17.874)	0.622*** (−17.017)	0.667*** (−17.891)	0.622*** (−17.185)	0.668*** (−17.809)	0.622*** (−17.130)
持股比例	1.040*** (2.824)	1.015 (1.266)	1.040*** (2.820)	1.016 (1.344)	1.040*** (2.815)	1.016 (1.289)	1.040*** (2.807)	1.016 (1.288)
现任职年限	1.031** (2.545)	1.069*** (3.422)	1.032** (2.614)	1.070*** (3.506)	1.030** (2.442)	1.068*** (3.304)	1.029** (2.437)	1.068*** (3.339)
政府背景	1.208*** (2.593)	0.979 (−0.237)	1.167** (2.211)	0.945 (−0.649)	1.170** (2.250)	0.942 (−0.676)	1.171** (2.269)	0.942 (−0.681)
声誉	0.918*** (−3.666)	0.930*** (−2.730)	0.919*** (−3.661)	0.931*** (−2.711)	0.920*** (−3.622)	0.931*** (−2.693)	0.918*** (−3.692)	0.930*** (−2.741)
专业能力	1.504*** (6.676)	1.431*** (5.267)	1.505*** (6.690)	1.433*** (5.280)	1.505*** (6.543)	1.436*** (5.355)	1.499*** (6.608)	1.429*** (5.245)
实务背景	0.727*** (−5.094)	0.641*** (−5.607)	0.730*** (−5.027)	0.649*** (−5.494)	0.729*** (−5.059)	0.646*** (−5.527)	1.000（完全共线性）	1.000（完全共线性）
观测值数	9 627	9 627	9 627	9 627	9 627	9 627	9 627	9 627
可决系数	0.072	0.106	0.072	0.107	0.071	0.105	0.072	0.106

注：使用指数化的系数，括号内为 Z 值；***、**、* 分别表示1%、5%和10%的显著性水平。

表 4-11 为不同议案类型对董事异议的影响的稳健性检验结果，与前文的结果相一致，即政治型董事更倾向于对重要事项的议案发表异议，而对常规议案不倾向于发表异议，研究假设 4-7 能够通过稳健性检验。

表 4-11 不同议案类型对董事异议的影响（稳健性检验）

被解释变量：董事异议	重要议案		常规议案	
	逻辑回归	条件逻辑回归	逻辑回归	条件逻辑回归
	(1)	(2)	(3)	(4)
政治型董事	0.391***	0.468***	1.065	1.064
	(−5.439)	(−4.099)	(0.432)	(0.392)
重要议案	2.739***	2.263***		
	(4.570)	(3.325)		
常规议案			0.381***	0.454***
			(−4.489)	(−3.540)
性别	1.097	1.143	1.096	1.142
	(1.023)	(1.389)	(1.009)	(1.378)
年龄	0.703***	0.692***	0.703***	0.693***
	(−9.669)	(−7.622)	(−9.659)	(−7.615)
薪酬	0.667***	0.624***	0.667***	0.624***
	(−17.850)	(−16.988)	(−17.862)	(−17.004)
持股比例	1.040***	1.015	1.040***	1.015
	(2.800)	(1.244)	(2.801)	(1.248)
现任职年限	1.029**	1.069***	1.029**	1.069***
	(2.380)	(3.392)	(2.386)	(3.391)
政府背景	1.161**	0.936	1.161**	0.936
	(2.132)	(−0.748)	(2.131)	(−0.750)
声誉	0.915***	0.929***	0.915***	0.929***
	(−3.820)	(−2.769)	(−3.814)	(−2.767)
专业能力	1.496***	1.428***	1.496***	1.430***
	(6.576)	(5.243)	(6.575)	(5.259)

续表

被解释变量：董事异议	重要议案		常规议案	
	逻辑回归	条件逻辑回归	逻辑回归	条件逻辑回归
	（1）	（2）	（3）	（4）
实务背景	0.721***	0.642***	0.722***	0.642***
	(-5.204)	(-5.608)	(-5.188)	(-5.605)
观测值数	9 627	9 627	9 627	9 627
可决系数	0.074	0.107	0.074	0.107

注：使用指数化的系数，括号内为 Z 值；***、**、* 分别表示 1%、5% 和 10% 的显著性水平。

4.5 本章小结

基于我国 2005—2017 年沪深两市 A 股国有非金融上市公司董事会决议公告的文本资料，提取董事会成员的具体投票信息做成指标，再根据是否有党组织身份背景，将董事会成员划分为政治型董事和经济型董事，通过董事会成员在历次董事会会议中的投票情况（同意、反对、弃权），在董事层面上考察国有企业党组织与董事会"双向进入、交叉任职"和重大决策事项"讨论前置"制度的实施对董事会决策过程的影响。研究结果表明：

第一，国有企业党组织对董事会决策的参与程度有限，一定程度上限制了国有企业政治治理发挥作用，因此在讨论前置实施前，相比于经济型董事，政治型董事更不倾向于发表异议；而在讨论前置实施后，党和国家加强对国有企业的政治治理，将党建工作纳入公司章程，明确党组织的领导核心和政治核心地位，极大地提升了政治型董事的地位和积极性，从而使他们更倾向于发表异议。

第二，若政治型董事有较强的晋升动机、有财务或金融专业背景、有国有企业实务部门的工作经验，也会倾向于发表异议，而有政府背景的董事更不倾向于发表异议，这一结论丰富了对我国国有企业政治治理发挥作用机制的深入研究。因此未来应该着力提升党组织成员的专业技能和实践经验，党组织不能虚化，在了解企业的基础上才能更科学地决策，发挥"把方向、管大局和保落实"的重要作用。

第三，政治型董事的异议倾向在不同议案类型中也是有差异的，基于政治逻辑和政治责任的考虑，倾向于对大规模投资、重大资产变动等可能造成国有资产流失的事项投反对票。

5 国有企业政治治理对董事会决策的影响：以企业为样本

本章采用实证分析方法，从企业层面建立计量模型，检验国有企业政治治理对董事会决策的影响。主要考察国有企业党组织和董事会"双向进入、交叉任职"对董事会决策的影响，以及这种影响在不同公司治理情境下的差异。

5.1 研究假设

5.1.1 政治治理与董事会异议

国有企业党组织由于具有政治属性（樊子君，2011），可以超越一般公司治理主体追求短期利益或单一主体利益的局限性，从而成为董事会内部各方利益与关系的重要平衡力量（黄文锋等，2017）。国有企业政治治理的不同方式会对董事会决策产生不同的影响。

首先，国有企业党组织与董事会"双向进入"，主要从三个方面影响董事会异议。第一，国有企业党组织成员进入董事会参与决策，直接影响董事会结构，不同的"双向进入"程度产生不同的政治型董事和经济型董事的比例，将党组织的政治目标和社会目标通过董事会决策内化到经营目标中，及时叫停有悖于政治原则或不利于企业发展的董事会议案；第二，党组织成员进入董事会参与决策，将对董事会的决策思维产生一定影响，使原本遵循经济逻辑的董事会成员在决策过程中多一重政治逻辑的考量，进行审慎的决策，实现政治逻辑和经济逻辑的有机统一，这比党组织单独实现政治目标而董事会单独实现经济目标的效率更高，避免了程序上的烦琐和时间上的浪费，从而提高效率（马连福等，2012；雷海民等，2012）；第三，国有企业党组织成员进入董事会参与重大经营事项的决策，能够总揽全局、把关定向，从而弥补外部监督机制的不足，及时制止管理者自利行为（陈红等，2018），影响董事会对重要人事变动、高管薪酬、筹集资金、重大投资、对外担保、资产变动等重要事项的决策，发挥着抑制大股东掏空（熊婷等，2015）、降低由内部人控制产生的代理成本（马连福等，2012；王元芳和马连福，2014）、抑制并购中的国有资产流失（陈仕华和卢昌崇，2014）、抑制高管攫取超额薪酬、减少高层管理者与普通员工的薪酬差距（马连福等，2013；陈红等，2018）等重要作用。因此，提出研究假设：

假设 5-1 国有企业党组织与董事会"双向进入"对董事会异议有显著的正向影响。

其次，国有企业党组织与董事会"交叉任职"，党委书记/副书记同时担任董事长/副董事长能够为党组织真正发挥作用提供职务保障，增强对公司治理的影响（马连福等，2012），实现政治职能与经济职能的有机融合，更大程度上发挥党组织的优势（王元芳和马连福）。尤其在党委书记和董事长两职合一的情况下，更能保证党委会和董事会决策的一致性，综合考虑各种风险和收益，进行审慎的决策，从而减少过度投资行为，提高企业的投资效率（程博等，2015）。雷海民等（2012）的研究表明，党委书记、董事长和总经理由同一个人担任的时候，企业的运营效率是最低的，党委书记不兼任董事长和总经理，同时总经理兼任董事时，企业的运营效率是最高的。此外，党组织与董事会"交叉任职"还能增加国有企业对高质量审计的需求（程博和王菁，2014；程博等，2017）。因此，提出研究假设：

假设 5-2 国有企业党组织与董事会"交叉任职"对董事会异议有显著的正向影响。

假设 5-3 国有企业党委书记与董事长由同一人担任对董事会异议有显著的正向影响。

最后，国有企业重大决策事项"讨论前置"，作为一种党组织内嵌于公司治理结构的重要制度安排，一方面统一了国有企业重要问题的决策流程，即党组织研究讨论成为董事会、经理层进行决策的前置程序；另一方面在经济决策之前进行政治把关，党委会拥有否决权，被党委会否决后的议案事项不能进入董事会决策（强舸，2017）。例如，中国石油兰州石化公司在 2013—2017 年共经党委会讨论 1 595 个重要事项，其中 81 项被否决。讨论前置实施后，能够在董事会上投票表决的议案，经过了党组织预先的政治把关，因而在董事会决策过程中异议会减少，而且在党组织成员与董事会成员"双向进入、交叉任职"的情况下，人员上的重合有利于降低沟通和协调的成本，能够更高效和准确地传递决策信息。因此，提出研究假设：

假设 5-4 与"讨论前置"实施前相比，"讨论前置"实施后企业更不可能出现董事会异议。

5.1.2 企业业绩与董事会异议

相比于业绩较好的国有企业，业绩较差的国有企业面临更大的经营风险，更严重时公司股票有被 ST 或退市的风险，董事会成员的声誉和报酬也面临损失的风险，此时党组织基于政治和社会利益的考虑，在"双向进入、交叉任职"的公司治理制度安排下，应该更能发挥科学决策和监督管理层的作用，更可能发表异议。沃瑟（Warther，1998）、叶康涛等（2011）及祝继高等（2015）的研究表明，当企业业绩较差时，不同类型的董事（控股股东董事、非控股股东董事、独立董事）都更可能公开质疑董事会议案，在决策过程中发表异议的概率显著增加，而且独立董事更倾向于出具"有功型"意见（范合君等，2017）。基于此，本书分析认为，当企业业绩较差时，政治治理对董事会异议的影响更大；而当企业业绩较好时，会削弱党组织治理对董事会异议的影响。因此，提出研究假设：

假设 5-5 企业业绩负向调节国有企业政治治理与董事会异议之间的正向相关关系。

5.1.3 金字塔层级与董事会异议

金字塔层级是指国有企业与最终控制人之间的层级数，通常用于衡量政府干预程度。在不同金字塔层级的国有企业中，党组织的地位和作用存在差异，势必会影响董事会投票过程。若金字塔层级数较小，代表政府对国有企业的干预较强（马连福和曹春方，2011），此时国有企业决策偏好"合法性"（武立东等，2017），董事会决策过程中出现异议的概率会比较低。随着金字塔层级的增加，政府直接干预国有企业决策的难度和成本都会增加，国有企业能够更好地体现其经济性，遵循市场经济规律进行决策，董事会更好地发挥作用，从而董事会决策过程中出现异议的概率会更高。因此，提出研究假设：

假设 5-6 金字塔层级正向调节国有企业政治治理与董事会异议之间的正向相关关系。

综上所述，国有企业政治治理对董事会决策过程的影响在企业层面上体现为影响董事会异议，具体影响机制如图 5-1 所示。

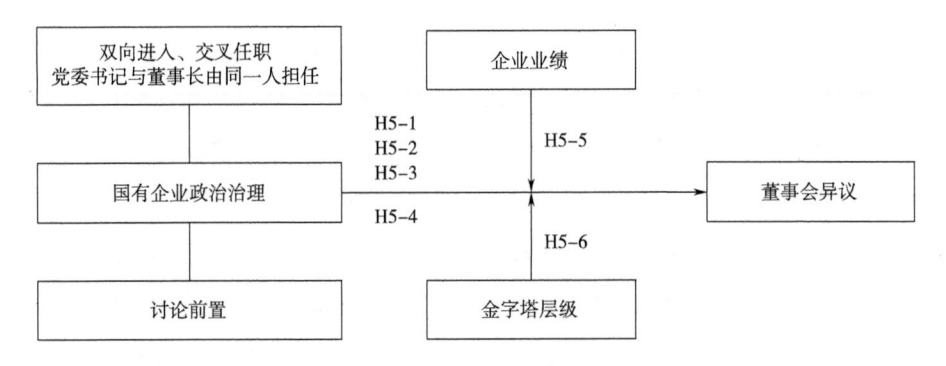

图 5-1 国有企业政治治理对董事会决策的影响（以企业为样本）

5.2 模型、变量与数据

5.2.1 模型设定

国有企业是否实行"双向进入、交叉任职"的治理模式与所处层级、行业等因素相关，或者受其他未观测到的企业特征的影响，即政治治理可能是内生的变量，而且党组织参与公司治理不是强制公开事项，可能存在一些企业实施了"双向进入、交叉任职"的政治治理,但没有被纳入本书的样本中,即存在样本选择偏差(sample selection bias)。为了克服内生性问题,本书采用处理效应模型进行两阶段回归,在企业层面上检验国有企业政治治理对董事会决策过程(董事会异议)的影响。

$$\ln\left(\frac{P(dissent_{i,t}=1)}{1-P(dissent_{i,t}=1)}\right) = \alpha + \beta \cdot pol\_gov_{i,t} + \psi \cdot Control_{i,t} \\ + \sum_{t=1}^{m} year_t + \sum_{p=1}^{n} ind_p + \varepsilon_{i,t} \quad (1)$$

模型(1)用于检验研究假设 5-1~5-3,被解释变量 $dissent_{i,t}$ 用来表示董事会异议,是一个虚拟变量,当公司 i 在年度 t 有董事异议时,则值为 1,否则为 0;解释变量 $pol\_gov_{i,t}$ 用来表示国有企业政治治理,包括双向进入(entryd)、交叉任职(crossboard)、党委书记与董事长由同一人担任(crosschair)三个变量。若有党委会成员进入董事会,值为 1,否则为 0;若有党委会成员与董事会成员交叉任职,值为 1,否则为 0;若党委书记同时为董事长,值为 1,否则为 0。$Control_{i,t}$ 为一组控制变量的合集,包含总资产净利润率、资产负债率等公司财务特征变量,和股权制衡度、管理层持股比例、机构投资者持股比例、董事会规模、董事会独立性、董事会会议次数等公司治理特征变量;α,β,ψ 为系数,$\varepsilon_{i,t}$ 为回归模型的残差项。

为了检验研究假设 5-4,按照是否开始实行讨论前置,将样本分为两组,分别进行回归,根据系数及显著性判断讨论前置实施后,国有企业政治治理对董事会决策的影响是否发生变化。

为了检验研究假设 5-5,本书构建了如下回归模型:

$$\ln\left(\frac{P(dissent_{i,t}=1)}{1-P(dissent_{i,t}=1)}\right) = \alpha + \beta \cdot pol\_gov_{i,t} + \gamma \cdot pol\_gov_{i,t} \cdot roa_{i,t} \\ + \psi \cdot Control_{i,t} + \sum_{t=1}^{m} year_t + \sum_{p=1}^{n} ind_p + \varepsilon_{i,t} \quad (2)$$

模型(2)是在模型(1)的基础上增加了一个企业业绩与解释变量的交乘项,企业业绩用总资产净利润率(roa)衡量。

为了检验研究假设 5-6,本书构建了如下回归模型:

$$\ln\left(\frac{P(dissent_{i,t}=1)}{1-P(dissent_{i,t}=1)}\right) = \alpha + \beta \cdot pol\_gov_{i,t} + \gamma \cdot pol\_gov_{i,t} \cdot layer_{i,t}$$
$$+ \psi \cdot Control_{i,t} + \sum_{t=1}^{m} year_t + \sum_{p=1}^{n} ind_p + \varepsilon_{i,t} \tag{3}$$

模型（3）是在模型（1）的基础上增加了一个金字塔层级与解释变量的交乘项，金字塔层级用上市公司与最终控制人之间的（最长）层级数（$layer$）来衡量。

5.2.2 变量定义

被解释变量为董事会异议。根据沪深两市证券交易所的规定，在上市公司董事会决策过程中，有表决权的董事需要对相关议案进行投票，有同意、反对、弃权三种选择，如果董事对某项议案投反对票或弃权票，还需要说明理由。本书认为，董事投反对票是一种表达强烈异议的方式，而投弃权票也是一种表达异议的方式，同样会影响到董事会议案的通过与否，所以本书将董事投反对票和弃权票都视作董事异议。若公司在年度内有董事异议，$dissent$ 值为 1，否则为 0。

解释变量为国有企业政治治理，包括三个方面的变量。国有企业党组织与董事会的"双向进入"，若有党委会成员进入董事会参与决策，值为 1，否则为 0；国有企业党组织与董事会的"交叉任职"，若有党委会成员与董事会成员交叉任职，值为 1，否则为 0；特别地，当党委书记与董事长由同一人担任的时候，值为 1，否则为 0；国有企业实施重大决策事项"讨论前置"，中央国企从 2015 年开始 $discuss$ 赋值为 1，地方国企从 2016 年开始 $discuss$ 赋值为 1，否则为 0。

调节变量是企业业绩和金字塔层级。相关研究如下：①借鉴叶康涛等（2011）、祝继高等（2015）、徐祯和陈亚民（2018）的研究，用总资产净利润率 roa 衡量企业业绩，根据前文的分析，在企业业绩较差时，更可能出现董事会异议。②金字塔层级通常用于衡量政府放权程度，借鉴刘行和李小荣（2012）、江轩宇（2016）、武立东等（2017）的研究，当最终控制人直接控制上市公司时，金字塔层级为 1；当最终控制人与上市公司之间存在中间控人时，金字塔层级为 2，以此类推至更多金字塔层级数的情况。对于最终控制人与上市公司之间存在多条控制链的情况，以层级最多的控制链为标准。

控制变量包含企业规模、企业业绩等公司财务特征变量，和股权制衡度、管理层持股比例、机构投资者持股比例、董事会规模、董事会独立性、董事会会议次数等公司治理特征变量。变量解释如下：①企业规模（scale）用总资产的自然对数衡量；②企业业绩（roa）用总资产净利润率衡量，计算方法是净利润除以总资产；③资产负债率（lev）的计算公式是企业总负债除以企业总资产；④股权制衡度（restriction）用第二大股东持股比例除以第一大股东持股比例衡量；⑤管理层持股比例（manshare）用管理层持股数除以总股本衡量；⑥机构投资者持股比例（instiratio）用机构投资者持股数量除以总股本衡量；⑦董事会规模（boardsize）用董事会人数衡量；⑧董事会独立性（indratio）用独立董事比例即独立董事人数除以董事会总人数衡量；⑨董事会会议次数（boardmeeting）即样本公司在年度内召开的会议次数，包括现场会议和通信会议；⑩国有企业级别（hierarchy），中央国有企业值为 1，地方国有企业值为 0。此外，回归模型还控制了年份和行业虚拟变量，采用 2012 版证监会行业分类，A~S 共 19 个大类行业，剔除第 J 类金融业，剩余 18 个大类行业，设置 17 个行业虚拟变量。本章的计量模型所涉及的主要变量定义见表 5-1。

表 5-1 变量定义

变量类型	变量名称	变量符号	变量定义
被解释变量	董事会异议	dissent	若公司在年度内有董事异议，值为 1，否则为 0
解释变量	双向进入	entryd	若有党委会成员进入董事会，值为 1，否则为 0
		polratio	董事会中政治型董事所占的比例
	交叉任职	crossboard	若有党委会成员与董事会成员交叉任职，值为 1，否则为 0
		crosschair	若党委书记与董事长由同一人担任，值为 1，否则为 0
	讨论前置	discuss	中央国企从 2015 年开始值为 1，地方国企从 2016 年开始值为 1，否则为 0

续表

变量类型	变量名称	变量符号	变量定义
控制变量	企业规模	scale	总资产的自然对数
	企业业绩	roa	总资产净利润率＝净利润/总资产
	资产负债率	lev	企业总负债/企业总资产
	股权制衡度	restriction	第二大股东持股比例/第一大股东持股比例
	管理层持股比例	manshare	管理层持股数/总股本
	机构投资者持股比例	instiratio	机构投资者持股数量合计/总股本
	董事会规模	boardsize	董事会人数取对数
	董事会独立性	indratio	独立董事比例
	董事会会议次数	boardmeeting	董事会会议次数
	国有企业级别	hierarchy	中央国有企业值为1，地方国有企业值为0
	年份	year	年份虚拟变量，若处于当年，值为1，否则为0
	行业	industry	行业虚拟变量，若为该行业，值为1，否则为0

5.2.3 数据说明

本章的实证研究以2005—2017年沪深两市A股国有上市公司为基础样本，剔除ST、*ST等，剔除金融行业的上市公司，最终包含13 721个公司年度样本。具体数据获取和整理过程如下：第一步，从上海证券交易所和深圳证券交易所的网站收集国有上市公司历次董事会决议公告，并筛选出有董事投反对票的样本；第二步，手工整理董事会决策过程中董事的投票情况，形成被解释变量（董事会异议）的指标数据，若样本公司在年度内有董事异议，则值为1，否则为0；第三步，从CSMAR经济金融研究数据库获取上市公司董事的任职信息和兼任情况，结合手工查阅上市公司年报中的董事、监事、高层管理者任职信息和简历等，整理出党组织成员名单（党委书记、党委副书记、党委委员），并将党组织成员名单与董事会成员名单进行匹配，形成解释变量"双向进入"、"交叉任职"和"党委书记与董事长由同一人担任"的指标数据。此外,上市公司的企业规模、企业业绩等公司财务特征变量,和股权制衡度、管理层持股比例、机构投资者持股比例、董事会规模、董事会独立性、董事会会议次数等公司治理特征变量数据来源于CSMAR经济金融研究数据库和RESSET数据库,金字塔层级的数据通过CSMAR数据库中的上市公司股东控制关系链公告图手工整理而得。

5.3 实证结果

5.3.1 描述性统计分析

表5-2为主要变量的描述性统计分析结果。被解释变量董事会异议（dissent）的均值为0.030,表明在13 721个观测样本中,3%的公司存在董事会异议;解释变量双向进入（entryd）和交叉任职（crossboard）的均值分别为0.121和0.067,表明仅有少数国有企业实行了党委会与董事会成员的"双向进入、交叉任职",多数企业的董事会中不包含党组织成员;本书的样本中有5%的企业党委书记与董事长由同一人担任。从控制变量的情况看,样本企业之间规模差异较大,企业业绩（roa）、资产负债率（lev）、股权制衡度（restriction）的标准差较小;样本企业的管理层持股比例（manshare）均值为0.3%,机构投资者持股比例（instiratio）均值为24.5%;样本企业董事会规模平均为9人;样本企业的董事会中独立董事平均占比为36.2%,平均召开董事会会议8次;32.4%的样本企业为中央国有企业。

表5-2 描述性统计分析

变量	观测值	均值	标准差	中位数	最小值	最大值
董事会异议	13 721	0.030	0.170	0.000	0.000	1.000
双向进入	13 721	0.121	0.326	0.000	0.000	1.000
交叉任职	13 721	0.067	0.250	0.000	0.000	1.000
党委书记与董事长由同一人担任	13 721	0.050	0.218	0.000	0.000	1.000

续表

变量	观测值	均值	标准差	中位数	最小值	最大值
企业规模	13 721	22.306	1.510	22.056	19.475	27.488
企业业绩	13 721	0.030	0.056	0.028	-0.251	0.187
资产负债率	13 721	0.519	0.201	0.530	0.078	0.999
股权制衡度	13 721	0.271	0.282	0.146	0.004	0.980
管理层持股比例	13 721	0.003	0.016	0.000	0.000	0.120
机构投资者持股比例	13 721	0.245	0.242	0.155	0.000	0.890
董事会规模	13 721	2.232	0.206	2.197	1.609	2.773
董事会独立性	13 721	0.362	0.051	0.333	0.250	0.571
董事会会议次数	13 721	2.126	0.376	2.079	1.386	3.135
国有企业级别	13 721	0.324	0.468	0.000	0.000	1.000

中央国有企业从 2015 年开始、地方国有企业从 2016 年开始实施重大决策事项讨论前置制度。本书进一步按照国有企业讨论前置制度实施前后，将全样本分为两个部分，进行分组的描述性统计分析，结果见表 5-3。T 检验结果表明，除董事会异议（dissent）和企业业绩（roa）这两个变量的样本均值在讨论前置实施前后没有明显差异外，其余变量的样本均值在讨论前置实施前后存在显著差异。讨论前置实施后，国有企业双向进入（entryd）、交叉任职（crossboard）、党委书记与董事长由同一人担任（crosschair）的比例均高于讨论前置实施前，表明国有企业在实施政治治理的过程中，重大决策事项讨论前置制度对董事会治理结构产生了一定的影响。

表 5-3 分组描述性统计分析

变量	讨论前置实施前 样本量	讨论前置实施前 均值	讨论前置实施后 样本量	讨论前置实施后 均值	显著性检验
董事会异议	11 274	0.030	2 447	0.028	0.002
双向进入	11 274	0.112	2 447	0.163	-0.051***
交叉任职	11 274	0.060	2 447	0.100	-0.040***

续表

变量	讨论前置实施前 样本量	讨论前置实施前 均值	讨论前置实施后 样本量	讨论前置实施后 均值	显著性检验
党委书记与董事长由同一人担任	11 274	0.045	2 447	0.075	-0.030***
企业规模	11 274	22.149	2 447	23.030	-0.881***
企业业绩	11 274	0.030	2 447	0.029	0.001
资产负债率	11 274	0.521	2 447	0.511	0.010**
股权制衡度	11 274	0.264	2 447	0.300	-0.036***
管理层持股比例	11 274	0.003	2 447	0.005	-0.002***
机构投资者持股比例	11 274	0.182	2 447	0.534	-0.353***
董事会规模	11 274	2.240	2 447	2.198	0.042***
董事会独立性	11 274	0.360	2 447	0.372	-0.012***
董事会会议次	11 274	2.105	2 447	2.225	-0.120***
国有企业级别	11 274	0.299	2 447	0.440	-0.141***

5.3.2 相关分析

表5-4为变量之间的相关性分析。被解释变量董事会异议（dissent）与解释变量双向进入（entryd）、交叉任职（crossboard）、党委书记与董事长由同一人担任（crosschair）之间的相关系数为负，系数符号与研究假设的预期不符合，可能是因为没有考虑讨论前置实施前后的区别，以及内生性和其他变量的影响，需要根据回归结果进一步判断国有企业政治治理对董事会异议的影响。模型中解释变量与控制变量两两之间的相关系数基本小于0.4，表明不存在严重的多重共线性问题。

表 5-4 相关分析

	董事会异议	双向进入	交叉任职	党委书记与董事长由同一人担任	企业规模	企业业绩	资产负债率	股权制衡度	管理层持股比例	机构投资者持股比例	董事会规模	董事会独立性	董事会会议次数	国有企业级别
董事会异议	1													
双向进入	-0.013 7	1												
交叉任职	-0.007 7	0.725 0	1											
党委书记与董事长由同一人担任	-0.000 9	0.619 0	0.854 0	1										
企业规模	0.024 2	0.050 6	0.039 8	0.035 3	1									
企业业绩	-0.026 7	-0.030 5	-0.028 8	-0.021 7	0.079 7	1								
资产负债率	0.040 4	0.035 8	0.027 1	0.026 6	0.378 0	-0.369 0	1							
股权制衡度	0.026 6	0.001 0	0.027 7	0.034 9	0.044 2	-0.030 5	0.019 0	1						
管理层持股比例	-0.021 8	-0.025 0	-0.005 5	0.002 4	-0.077 7	0.103 0	-0.134 0	0.128 0	1					
机构投资者持股比例	0.007 5	0.043 7	0.065 9	0.065 3	0.298 0	0.117 0	0.006 1	0.183 0	0.046 7	1				

续表

	董事会异议	双向进入	交叉任职	党委书记与董事长由同一人担任	企业规模	企业业绩	资产负债率	股权制衡度	管理层持股比例	机构投资者持股比例	董事会规模	董事会独立性	董事会会议次数	国有企业级别
董事会规模	0.034 8	0.023 8	-0.019 1	-0.022 5	0.233 0	0.039 7	0.088 8	0.134 0	-0.027 3	0.031 6	1			
董事会独立性	0.024 2	0.029 8	0.032 6	0.031 0	0.169 0	-0.018 0	0.057 4	-0.017 1	-0.024 4	0.067 9	-0.301 0	1		
董事会会议次数	0.062 2	0.041 2	0.026 9	0.025 1	0.233 0	-0.055 2	0.197 0	0.039 6	0.007 0	0.118 0	-0.031 0	0.092 8	1	
国有企业级别	-0.012 3	-0.011 3	-0.035 4	-0.052 3	0.137 0	0.000 5	0.005 1	0.059 8	0.024 7	0.073 4	0.046 8	0.017 0	-0.001 3	1

5.3.3 回归分析

表 5-5 为双向进入（entryd）、交叉任职（crossboard）、党委书记与董事长由同一人担任（crosschair）、董事会异议（dissent）的回归分析结果。

在全样本回归模型中，第一阶段的回归中金字塔层级（layer）、国有企业级别（hierarchy）的系数可以通过 T 检验；第二阶段的回归中，国有企业党组织和董事会成员"双向进入"对董事会异议有正向影响，但不显著，研究假设 5-1 没有得到支持。"交叉任职"对董事会异议有显著的正向影响，而且党委书记与董事长由同一人担任的企业更可能出现董事会异议，研究假设 5-2 和研究假设 5-3 得到支持，这与程博等（2017）的研究结论类似，即国有企业党组织能够对公司治理产生积极的影响，而且本书对董事会决策过程的研究拓展了马连福等（2013）、陈仕华和卢昌崇（2014）、熊婷等（2015）关注政治治理对企业层面公司治理结果的局限性。

讨论前置实施前，第一阶段的回归中金字塔层级（layer）、国有企业级别（hierarchy）的系数可以通过 T 检验；第二阶段的回归中，双向进入（entryd）、交叉任职（crossboard）、党委书记与董事长由同一人担任（crosschair）对董事会异议（dissent）都有显著的正向影响，即实行政治治理的国有企业更可能出现董事会异议，表明政治治理在影响董事会结构的基础上对董事会决策过程和决策结果产生了影响。

在讨论前置实施后，第一阶段的回归中，金字塔层级（layer）、国有企业级别（hierarchy）的系数不显著；第二阶段的回归中，国有企业政治治理对董事会异议的影响变成负向的，双向进入（entryd）的系数不显著，交叉任职（crossboard）、党委书记与董事长由同一人担任（crosschair）的系数显著为负，这是因为党委会在经济决策之前进行政治把关，因而在董事会决策过程中异议减少，说明讨论前置实施后，党委会通过行使否决权，阻止了一部分政治上存在问题的议案进入董事会决策流程，提高了决策效率。进一步应用 DID 方法检验讨论前置实施前后国有企业党组织治理对董事会异议影响的差异，结果见表 5-5 中的第（10）（11）（12）列，发现双向进入（*entryd*）、交叉任职（*crossboard*）、党委书记与董事长由一人担任（*crosschair*）与讨论前置的交乘项系数均为负，但只有交叉任职（*crossboard*）与讨论前置的交乘项系数通过了显著性检验，即讨论前置的实施削弱了国有企业党组织与董事会交叉任职对董事会异议的影响，研究假设 4 得到部分支持，符合强舸（2018）对讨论前置制度目标的阐释，利用党组织和董事会的不同决策规则，达成政治与经济目标的有机统一。

5.3.4 调节效应

为了考察企业业绩对国有企业政治治理与董事会异议之间关系的影响，将政治治理与总资产净利润率（*roa*）的交乘项加入回归模型，结果见表 5-6。

在全样本回归模型中，第一阶段的回归中，金字塔层级（*layer*）、国有企业级别（*hierarchy*）的系数可以通过 T 检验；第二阶段的回归中，双向进入（*entryd*）、党委书记与董事长由同一人担任（*crosschair*）与企业业绩（*roa*）的交乘项的系数均显著为负，即企业业绩（*roa*）负向调节双向进入、党委书记与董事长由同一人担任与董事会异议之间呈正向相关关系，说明当企业业绩较差时，实行双向进入、党委书记与董事长由同一人担任的国有企业更可能出现董事会异议，研究假设 5-5 得到部分支持，而交叉任职（*crossboard*）与企业业绩（*roa*）的交乘项的系数不显著。

讨论前置实施前，第一阶段的回归中，金字塔层级（*layer*）、国有企业级别（*hierarchy*）的系数可以通过 T 检验；第二阶段的回归中，只有党委书记与董事长由同一人担任（*crosschair*）与企业业绩（*roa*）的交乘项的系数均显著为负，即企业业绩（*roa*）负向调节党委书记与董事长由同一人担任与董事会异议之间的正向相关关系。

表5-5 国有企业政治治理对董事会异议的影响

被解释变量 董事会异议	全样本 (1)	全样本 (2)	全样本 (3)	讨论前置实施前 (4)	讨论前置实施前 (5)	讨论前置实施前 (6)	讨论前置实施后 (7)	讨论前置实施后 (8)	讨论前置实施后 (9)	讨论前置的影响 (10)	讨论前置的影响 (11)	讨论前置的影响 (12)
双向进入	0.430 (1.064)			0.993*** (2.814)			-0.679 (-1.267)			0.585 (1.350)		
交叉任职		1.345* (1.675)			1.714** (2.324)			-0.977* (-1.647)			1.743*** (2.679)	
党委书记与董事长由同一人担任			1.909*** (3.141)			1.935*** (3.105)			-1.212*** (-3.278)			2.050*** (3.776)
双向进入与讨论前置的交乘项										-0.226 (-1.300)		
交叉任职与讨论前置的交乘项											-0.321* (-1.800)	
党委书记与董事长由同一人担任与讨论前置的交乘项												-0.225 (-1.260)
企业规模	-0.023 (-1.285)	-0.024 (-1.335)	-0.024 (-1.347)	-0.009 (-0.450)	-0.008 (-0.393)	-0.006 (-0.327)	-0.109** (-2.541)	-0.104** (-2.468)	-0.097** (-2.502)	-0.021 (-1.211)	-0.022 (-1.262)	-0.022 (-1.237)
企业业绩	-0.614 (-1.614)	-0.609 (-1.616)	-0.637* (-1.673)	-0.812** (-2.001)	-0.847** (-2.083)	-0.876** (-2.117)	0.542 (0.564)	0.593 (0.633)	0.621 (0.707)	-0.660* (-1.740)	-0.658* (-1.759)	-0.687* (-1.813)

· 88 ·

5 国有企业政治治理对董事会决策的影响：以企业为样本

续表

被解释变量 董事会异议	全样本 (1)	(2)	(3)	讨论前置实施前 (4)	(5)	(6)	讨论前置实施后 (7)	(8)	(9)	讨论前置的影响 (10)	(11)	(12)
资产负债率	0.269** (2.075)	0.263** (2.053)	0.260** (2.042)	0.251* (1.767)	0.240* (1.683)	0.237 (1.654)	0.543* (1.830)	0.566** (1.964)	0.574** (2.192)	0.256** (1.982)	0.250** (1.969)	0.246* (1.938)
股权制衡度	0.190*** (2.552)	0.188** (2.545)	0.183** (2.475)	0.222*** (2.814)	0.216*** (2.700)	0.215*** (2.684)	0.108 (0.564)	0.122 (0.660)	0.136 (0.810)	0.184** (2.484)	0.179** (2.433)	0.177** (2.394)
管理层持股比例	-5.390** (-2.381)	-5.278** (-2.365)	-5.247** (-2.368)	-5.869** (-2.026)	-5.786** (-1.994)	-5.778** (-1.981)	-4.364 (-1.213)	-4.024 (-1.167)	-3.312 (-1.055)	-5.378** (-2.377)	-5.268** (-2.371)	-5.226** (-2.360)
机构投资者持股比例	-0.009 (-0.089)	-0.028 (-0.276)	-0.036 (-0.360)	-0.089 (-0.718)	-0.099 (-0.788)	-0.099 (-0.790)	0.586* (1.864)	0.579* (1.899)	0.557** (2.120)	0.055 (0.517)	0.037 (0.339)	0.030 (0.277)
董事会规模	0.548*** (4.827)	0.535*** (4.759)	0.524*** (4.700)	0.472*** (3.908)	0.454*** (3.732)	0.445*** (3.688)	0.719** (2.323)	0.648** (2.087)	0.567* (1.946)	0.531*** (4.664)	0.510*** (4.521)	0.502*** (4.465)
董事会独立性	1.567*** (3.731)	1.515*** (3.635)	1.507*** (3.696)	1.707*** (3.803)	1.697*** (3.792)	1.724*** (3.907)	0.578 (0.541)	0.475 (0.460)	0.398 (0.429)	1.553*** (3.713)	1.469*** (3.554)	1.477*** (3.643)
董事会会议次数	0.383*** (6.357)	0.380*** (6.432)	0.377*** (6.422)	0.420*** (6.456)	0.425*** (6.600)	0.422*** (6.518)	0.162 (1.105)	0.147 (1.025)	0.119 (0.915)	0.384*** (6.392)	0.381*** (6.513)	0.377*** (6.444)
国有企业级别	-0.073 (-1.510)	-0.062 (-1.298)	-0.054 (-1.107)	-0.027 (-0.500)	-0.022 (-0.395)	-0.020 (-0.366)	-0.117 (-1.077)	-0.130 (-1.249)	-0.145 (-1.524)	-0.067 (-1.373)	-0.053 (-1.099)	-0.048 (-0.986)
常数项	-4.187*** (-10.507)	-4.106*** (-10.268)	-4.065*** (-10.276)	-4.460*** (-10.462)	-4.427*** (-10.184)	-4.432*** (-10.436)	-2.041* (-1.839)	-1.905* (-1.780)	-1.676* (-1.758)	-4.175*** (-10.514)	-4.062*** (-10.087)	-4.044*** (-10.195)

续表

被解释变量 董事会异议	全样本 (1) 双向进入	全样本 (2) 交叉任职	全样本 (3) 党委书记与董事长由同一人担任	讨论前置实施前 (4) 双向进入	讨论前置实施前 (5) 交叉任职	讨论前置实施前 (6) 党委书记与董事长由同一人担任	讨论前置实施后 (7) 双向进入	讨论前置实施后 (8) 交叉任职	讨论前置实施后 (9) 党委书记与董事长由同一人担任	讨论前置的影响 (10) 双向进入	讨论前置的影响 (11) 交叉任职	讨论前置的影响 (12) 党委书记与董事长由同一人担任
第一阶段	−0.033** (−2.349)	−0.041** (−2.277)	−0.054*** (−2.587)	−0.051*** (−2.993)	−0.059** (−2.520)	−0.066** (−2.427)	0.014 (0.505)	0.005 (0.149)	−0.012 (−0.344)	−0.034** (−2.367)	−0.041** (−2.276)	−0.054*** (−2.587)
金字塔层级	−0.073** (−2.334)	−0.167*** (−4.365)	−0.271*** (−6.199)	−0.117*** (−3.165)	−0.226*** (−4.817)	−0.358*** (−6.555)	0.002 (0.024)	−0.054 (−0.632)	−0.094 (−1.040)	−0.073** (−2.325)	−0.165*** (−4.307)	−0.269*** (−6.157)
国有企业级别	−0.301 (−1.641)	−0.609** (−2.354)	−0.746*** (−4.535)	−0.524*** (−4.018)	−0.708*** (−3.305)	−0.747*** (−4.378)	0.298 (0.863)	0.492 (1.273)	0.741*** (3.242)	−0.354* (−1.908)	−0.713*** (−3.853)	−0.773*** (−5.531)
相关系数	控制	控制	控制	控制	控制	控制	控制	控制	控制	控制	控制	控制
年份	控制	控制	控制	控制	控制	控制	控制	控制	控制	控制	控制	控制
行业	13 721	13 721	13 721	11 274	11 274	11 274	2 447	2 447	2 447	13 721	13 721	13 721
观测值数	116.326	119.208	132.853	129.859	125.898	127.442	21.453	25.354	42.917	119.497	134.755	146.768
沃尔德检验值	0.000	0.000	0.000	0.000	0.000	0.000	0.029	0.008	0.000	0.000	0.000	0.000
概率												

注：使用企业和年份的双重聚类稳健标准误，括号内为Z值；***、**、*分别表示1%、5%和10%的显著性水平。

5 国有企业政治治理对董事会决策的影响：以企业为样本

表 5-6 企业业绩的调节效应

被解释变量	全样本			讨论前置实施前			讨论前置实施后		
董事会异议	(1)	(2)	(3)	(4)	(5)	(6)	(7)	(8)	(9)
双向进入	0.460			0.994***			−0.614		
	(1.202)			(2.935)			(−1.144)		
双向进入与企业业绩的交乘项	−1.765*			−1.206			−4.251**		
	(−1.647)			(−1.071)			(−1.991)		
交叉任职		1.295*			1.649**			−0.975	
		(1.731)			(2.324)			(−1.643)	
交叉任职与企业业绩的交乘项		−1.948			−2.012			−0.106	
		(−1.535)			(−1.598)			(−0.049)	
党委书记与董事长由同一人担任			1.893***			1.930***			−1.200***
			(3.311)			(3.412)			(−3.215)
党委书记与董事长由同一人担任与企业业绩的交乘项			−2.227*			−2.612*			−0.492
			(−1.742)			(−1.904)			(−0.229)
企业规模	−0.023	−0.023	−0.024	−0.008	−0.007	−0.007	−0.108**	−0.104**	−0.097**
	(−1.276)	(−1.313)	(−1.347)	(−0.440)	(−0.375)	(−0.339)	(−2.498)	(−2.458)	(−2.492)
企业业绩	−0.433	−0.444	−0.447	−0.682	−0.659	−0.672	1.182	0.601	0.649
	(−1.081)	(−1.139)	(−1.156)	(−1.595)	(−1.558)	(−1.600)	(1.100)	(0.607)	(0.708)
资产负债率	0.268**	0.260**	0.259**	0.250*	0.238*	0.237*	0.542*	0.566*	0.573**
	(2.065)	(2.026)	(2.026)	(1.759)	(1.662)	(1.653)	(1.813)	(1.955)	(2.178)

续表

被解释变量 董事会异议	全样本 (1)	全样本 (2)	全样本 (3)	讨论前置实施前 (4)	讨论前置实施前 (5)	讨论前置实施前 (6)	讨论前置实施后 (7)	讨论前置实施后 (8)	讨论前置实施后 (9)
股权制衡度	0.192*** (2.577)	0.192*** (2.599)	0.188** (2.543)	0.223*** (2.833)	0.219*** (2.746)	0.218*** (2.731)	0.110 (0.572)	0.122 (0.659)	0.136 (0.812)
管理层持股比例	-5.414** (-2.392)	-5.303** (-2.370)	-5.265** (-2.371)	-5.885** (-2.033)	-5.810** (-2.000)	-5.791** (-1.987)	-4.463 (-1.233)	-4.025 (-1.168)	-3.311 (-1.055)
机构投资者持股比例	-0.008 (-0.083)	-0.024 (-0.240)	-0.032 (-0.319)	-0.087 (-0.697)	-0.092 (-0.735)	-0.092 (-0.734)	0.572* (1.824)	0.579* (1.899)	0.556** (2.119)
董事会规模	0.550*** (4.841)	0.537*** (4.761)	0.527*** (4.734)	0.474*** (3.922)	0.459*** (3.775)	0.450*** (3.745)	0.719** (2.316)	0.648** (2.086)	0.567* (1.945)
董事会独立性	1.572*** (3.734)	1.519*** (3.633)	1.511*** (3.685)	1.716*** (3.811)	1.712*** (3.805)	1.738*** (3.914)	0.579 (0.542)	0.476 (0.461)	0.399 (0.430)
董事会会议次数	0.382*** (6.345)	0.381*** (6.419)	0.376*** (6.398)	0.420*** (6.447)	0.426*** (6.579)	0.421*** (6.488)	0.163 (1.106)	0.147 (1.025)	0.120 (0.917)
国有企业级别	-0.072 (-1.502)	-0.063 (-1.304)	-0.054 (-1.114)	-0.027 (-0.498)	-0.022 (-0.397)	-0.019 (-0.354)	-0.118 (-1.077)	-0.130 (-1.252)	-0.146 (-1.530)
常数项	-4.201*** (-10.523)	-4.125*** (-10.339)	-4.078*** (-10.349)	-4.475*** (-10.506)	-4.457*** (-10.365)	-4.447*** (-10.536)	-2.084* (-1.864)	-1.906* (-1.778)	-1.681* (-1.759)

5 国有企业政治治理对董事会决策的影响：以企业为样本

续表

被解释变量	全样本 (1)	全样本 (2)	全样本 (3)	讨论前置实施前 (4)	讨论前置实施前 (5)	讨论前置实施前 (6)	讨论前置实施后 (7)	讨论前置实施后 (8)	讨论前置实施后 (9)
董事会异议 第一阶段	双向进入	交叉任职	党委书记与董事长由同一人担任	双向进入	交叉任职	党委书记与董事长由同一人担任	双向进入	交叉任职	党委书记与董事长由同一人担任
金字塔层级	-0.033** (-2.353)	-0.042** (-2.295)	-0.055*** (-2.630)	-0.051*** (-3.003)	-0.059** (-2.569)	-0.067** (-2.498)	0.014 (0.509)	0.005 (0.149)	-0.011 (-0.342)
国有企业级别	-0.073** (-2.332)	-0.167*** (-4.356)	-0.270*** (-6.187)	-0.117*** (-3.163)	-0.225*** (-4.794)	-0.357*** (-6.510)	0.002 (0.024)	-0.054 (-0.632)	-0.094 (-1.040)
相关系数	-0.302* (-1.733)	-0.585** (-2.354)	-0.733*** (-4.627)	-0.517*** (-4.098)	-0.683*** (-3.192)	-0.739*** (-4.667)	0.304 (0.884)	0.492 (1.273)	0.741*** (3.249)
年份	控制	控制	控制	控制	控制	控制	控制	控制	控制
行业	控制	控制	控制	控制	控制	控制	控制	控制	控制
观测值数	13 721	13 721	13 721	11 274	11 274	11 274	2 447	2 447	2 447
沃尔德稳健检验值	120.806	126.818	143.814	132.917	134.495	138.674	24.165	25.369	43.194
概率	0.000	0.000	0.000	0.000	0.000	0.000	0.019	0.013	0.000

注：使用企业和年份的双重聚类稳健标准误，括号内为Z值；***、**、*分别表示1%、5%和10%的显著性水平。

讨论前置实施后，第一阶段的回归中，金字塔层级（*layer*）、国有企业级别（*hierarchy*）的系数不显著；第二阶段的回归中，只有双向进入（*entryd*）与企业业绩（*roa*）的交乘项的系数显著为负，即企业业绩（*roa*）负向调节双向进入与董事会异议之间的正向相关关系。

为了考察国有上市公司与最终控制人之间的金字塔层级对国有企业政治治理与董事会异议之间关系的影响，将政治治理与金字塔层级（*layer*）的交乘项加入回归模型，结果如表5-7所示。研究发现：第一，在全样本回归模型中，第一阶段的回归中，金字塔层级（*layer*）、国有企业级别（*hierarchy*）的系数可以通过T检验；第二阶段的回归中，双向进入（*entryd*）与金字塔层级（*layer*）的交乘项系数为正，交叉任职（*crossboard*）、党委书记与董事长由同一人担任（*crosschair*）与金字塔层级（*layer*）的交乘项系数为负，但都未通过统计上的显著性检验，说明国有企业政治治理对董事会异议的影响在全样本下不会因金字塔层级的区别而存在差异。第二，在讨论前置实施前的分组样本回归模型中，第一阶段的回归中，金字塔层级（*layer*）、国有企业级别（*hierarchy*）的系数可以通过T检验；第二阶段的回归中，政治治理相关变量与金字塔层级（*layer*）的交乘项系数均显著为正，表明金字塔层级正向调节国有企业政治治理与董事会异议之间的正向相关关系，研究假设5-6得到支持。第三，在讨论前置实施后的分组样本回归模型中，第一阶段的回归中，金字塔层级（*layer*）、国有企业级别（*hierarchy*）的系数可以通过T检验；第二阶段的回归中，交乘项的系数均不显著，说明讨论前置实施后国有企业政治治理对董事会异议的影响在不同金字塔层级的企业中没有显著差异。

表 5-7 金字塔层级的调节效应

被解释变量 董事会异议	全样本 (1)	(2)	(3)	(4)	讨论前置实施前 (5)	(6)	讨论前置实施后 (7)	(8)	(9)
双向进人	0.289 (0.478)			-2.749*** (-4.421)			-0.125 (-0.144)		
双向进人和金字塔层级的交乘项	0.145 (0.364)			3.769*** (12.107)			-0.591 (-0.944)		
交叉任职		1.359 (1.465)			-1.032 (-0.747)			-0.326 (-0.343)	
交叉任职和金字塔层级的交乘项		-0.039 (-0.107)			2.746*** (4.050)			-0.720 (-1.108)	
党委书记与董事长由同一人担任			1.988*** (2.699)			-0.884 (-0.705)			-0.651 (-0.930)
党委书记与董事长由同一人担任和金字塔层级的交乘项			-0.106 (-0.318)			2.845*** (4.326)			-0.625 (-1.071)
金字塔层级	0.220* (1.660)	0.239* (1.817)	0.247* (1.880)	0.269* (1.819)	0.289* (1.947)	0.297** (2.011)	0.019 (0.061)	0.039 (0.132)	0.059 (0.218)
企业规模	-0.022 (-1.216)	-0.022 (-1.258)	-0.022 (-1.269)	-0.006 (-0.336)	-0.005 (-0.270)	-0.004 (-0.201)	-0.111** (-2.584)	-0.107** (-2.517)	-0.100** (-2.542)
企业业绩	-0.627* (-1.646)	-0.622* (-1.648)	-0.648* (-1.704)	-0.845** (-2.083)	-0.878** (-2.163)	-0.908** (-2.200)	0.537 (0.555)	0.594 (0.628)	0.624 (0.704)

续表

被解释变量	全样本			讨论前置实施前			讨论前置实施后		
董事会异议	(1)	(2)	(3)	(4)	(5)	(6)	(7)	(8)	(9)
资产负债率	0.269**	0.263**	0.260**	0.252*	0.240*	0.236	0.555*	0.578**	0.583**
	(2.069)	(2.045)	(2.035)	(1.762)	(1.673)	(1.643)	(1.879)	(2.014)	(2.230)
股权制衡度	0.188**	0.187**	0.182**	0.216***	0.210***	0.208***	0.101	0.112	0.126
	(2.533)	(2.526)	(2.453)	(2.744)	(2.611)	(2.582)	(0.521)	(0.597)	(0.738)
管理层持股比例	-5.294**	-5.182**	-5.153**	-5.726**	-5.645*	-5.668*	-4.326	-3.972	-3.275
	(-2.339)	(-2.321)	(-2.326)	(-1.977)	(-1.943)	(-1.934)	(-1.202)	(-1.152)	(-1.044)
机构投资者持股比例	0.004	-0.015	-0.023	-0.050	-0.059	-0.058	0.595*	0.592*	0.564**
	(0.045)	(-0.146)	(-0.229)	(-0.396)	(-0.467)	(-0.458)	(1.880)	(1.909)	(2.113)
董事会规模	0.557***	0.545***	0.533***	0.479***	0.458***	0.444***	0.727**	0.662**	0.591**
	(4.902)	(4.840)	(4.770)	(3.953)	(3.747)	(3.645)	(2.364)	(2.129)	(2.008)
董事会独立性	1.570***	1.518***	1.511***	1.715***	1.696***	1.723***	0.625	0.551	0.471
	(3.729)	(3.638)	(3.695)	(3.814)	(3.785)	(3.904)	(0.593)	(0.533)	(0.504)
董事会会议次数	0.374***	0.371***	0.367***	0.409***	0.414***	0.410***	0.163	0.152	0.125
	(6.211)	(6.272)	(6.260)	(6.273)	(6.381)	(6.316)	(1.125)	(1.058)	(0.949)
国有企业级别	-0.076	-0.066	-0.057	-0.032	-0.026	-0.024	-0.108	-0.119	-0.137
	(-1.582)	(-1.364)	(-1.175)	(-0.598)	(-0.483)	(-0.443)	(-0.993)	(-1.142)	(-1.431)
常数项	-4.427***	-4.369***	-4.335***	-4.765***	-4.743***	-4.746***	-2.066*	-1.969*	-1.785*
	(-10.402)	(-10.194)	(-10.202)	(-10.259)	(-9.969)	(-10.180)	(-1.798)	(-1.765)	(-1.784)

续表

被解释变量	全样本			讨论前置实施前			讨论前置实施后		
董事会异议	(1)	(2)	(3)	(4)	(5)	(6)	(7)	(8)	(9)
第一阶段	双向进入	交叉任职	党委书记与董事长由同一人担任	双向进入	交叉任职	党委书记与董事长由同一人担任	双向进入	交叉任职	党委书记与董事长由同一人担任
金字塔层级	-0.034**	-0.042**	-0.055***	-0.052***	-0.061***	-0.068**	0.013	0.003	-0.014
	(-2.377)	(-2.320)	(-2.623)	(-3.080)	(-2.623)	(-2.508)	(0.485)	(0.105)	(-0.403)
国有企业级别	-0.073**	-0.167***	-0.270***	-0.116***	-0.226***	-0.358***	0.002	-0.054	-0.093
	(-2.328)	(-4.358)	(-6.197)	(-3.157)	(-4.814)	(-6.556)	(0.025)	(-0.630)	(-1.030)
相关系数	-0.299	-0.600**	-0.738***	-0.527***	-0.703***	-0.750***	0.292	0.481	0.733***
	(-1.618)	(-2.355)	(-4.420)	(-4.092)	(-3.293)	(-4.362)	(0.832)	(1.191)	(3.160)
年份	控制	控制	控制	控制	控制	控制	控制	控制	控制
行业	控制	控制	控制	控制	控制	控制	控制	控制	控制
观测值数	13 721	13 721	13 721	11 274	11 274	11 274	2 447	2 447	2 447
沃尔德检验值	115.967	119.406	133.647	.	928.403	795.926	23.359	26.698	43.123
概率	0.000	0.000	0.000	.	0.000	0.000	0.038	0.014	0.000

注：使用企业和年份的双重聚类稳健标准误，括号内为Z值；***、**、*分别表示1%、5%和10%的显著性水平。

5.4 稳健性检验

5.4.1 替换成政治治理强度的影响

前文的回归模型中考察国有企业政治治理对董事会异议的影响，解释变量分别是党组织和董事会双向进入（*entryd*）、交叉任职（*crossboard*）、党委书记与董事长由同一人担任（*crosschair*），均是0-1变量，本书进一步将解释变量替换成政治治理的强度，考察双向进入比例（*polratio*）、交叉任职的人数（*crossboard*1）、党委书记兼任董事长的人数（*crosschair*1）对董事会异议的影响，进行稳健性检验，结果见表5-8，主要变量的系数符号和显著性未发生变化，研究假设5-2~5-4能够得到支持。

为了检验企业业绩对国有企业政治治理的强度与董事会异议之间关系的调节效应，将双向进入比例（*polratio*）、交叉任职的人数（*crossboard*1）、党委书记兼任董事长的人数（*crosschair*1）与总资产净利润率（*roa*）的交乘项分别加入回归模型，结果见表5-9。研究发现，交乘项的系数和显著性与表5-6的结果保持一致，研究假设5-5可以通过稳健性检验。

为了检验国有上市公司与最终控制人之间的金字塔层级对政治治理的强度与董事会异议之间关系的调节效应，将双向进入比例（*polratio*）、交叉任职的人数（*crossboard*1）、党委书记兼任董事长的人数（*crosschair*1）与金字塔层级（*layer*）的交乘项分别加入回归模型，结果如表5-10所示。研究发现，交乘项的系数和显著性与表5-7的结果保持一致，研究假设5-6可以通过稳健性检验。

表 5-8 国有企业政治治理强度对董事会异议的影响

被解释变量	全样本 (1)	(2)	(3)	(4)	讨论前置实施前 (5)	(6)	(7)	讨论前置实施后 (8)	(9)
董事会异议									
双向进入比例	0.121*** (3.977)			0.154*** (4.977)			-0.056 (-0.596)		
交叉任职人数		1.877** (2.458)			2.336*** (3.411)			-1.424 (-1.082)	
党委书记兼任董事长人数			3.117** (2.462)			3.743*** (3.984)			-2.803*** (-3.980)
企业规模	-0.031** (-2.233)	-0.027* (-1.889)	-0.028** (-2.233)	-0.022* (-1.802)	-0.017 (-1.255)	-0.019* (-1.821)	-0.107** (-2.518)	-0.101** (-2.361)	-0.081** (-2.271)
企业业绩	-0.386 (-1.239)	-0.430 (-1.300)	-0.332 (-0.992)	-0.489 (-1.581)	-0.556 (-1.593)	-0.417 (-1.123)	0.596 (0.626)	0.592 (0.663)	0.488 (0.717)
资产负债率	0.188* (1.836)	0.183 (1.634)	0.183* (1.701)	0.134 (1.467)	0.129 (1.276)	0.134 (1.452)	0.556* (1.904)	0.556** (2.011)	0.480** (2.191)
股权制衡度	0.178*** (3.052)	0.173*** (2.768)	0.152** (2.183)	0.172*** (2.829)	0.171** (2.433)	0.135 (1.572)	0.100 (0.527)	0.105 (0.599)	0.108 (0.850)
管理层持股比例	-4.690** (-2.576)	-4.503** (-2.318)	-3.885* (-1.816)	-4.579** (-2.139)	-4.362* (-1.863)	-3.501 (-1.379)	-4.188 (-1.183)	-3.777 (-1.138)	-2.631 (-1.062)
机构投资者持股比例	-0.033 (-0.424)	-0.044 (-0.549)	-0.073 (-1.044)	-0.041 (-0.513)	-0.057 (-0.667)	-0.054 (-0.717)	0.582* (1.703)	0.538 (1.606)	0.421* (1.730)

续表

被解释变量 董事会异议	全样本 (1)	全样本 (2)	全样本 (3)	讨论前置实施前 (4)	讨论前置实施前 (5)	讨论前置实施前 (6)	讨论前置实施后 (7)	讨论前置实施后 (8)	讨论前置实施后 (9)
董事会规模	0.479*** (4.841)	0.471*** (4.015)	0.416** (2.423)	0.363*** (3.401)	0.353*** (2.779)	0.292* (1.703)	0.678** (2.102)	0.618* (1.939)	0.459* (1.929)
董事会独立性	1.074*** (2.750)	1.113** (2.351)	0.965 (1.553)	0.928** (2.176)	1.000* (1.841)	0.791 (1.177)	0.567 (0.539)	0.495 (0.506)	0.359 (0.508)
董事会会议次数	0.282*** (4.010)	0.294*** (3.185)	0.241* (1.698)	0.250*** (2.721)	0.271** (2.246)	0.198 (1.232)	0.162 (1.096)	0.138 (0.966)	0.091 (0.872)
国有企业级别	−0.009 (−0.217)	−0.002 (−0.044)	0.045 (0.626)	0.064 (1.417)	0.063 (1.158)	0.112* (1.876)	−0.124 (−1.131)	−0.132 (−1.299)	−0.135 (−1.635)
常数项	−3.148*** (−5.351)	−3.246*** (−3.843)	−2.727* (−1.960)	−2.705*** (−3.290)	−2.877** (−2.553)	−2.193 (−1.424)	−1.958 (−1.487)	−1.691 (−1.351)	−1.032 (−1.209)
第一阶段	双向进入比例	交叉任职的人数	党委书记兼任董事长的人数	双向进入比例	交叉任职的人数	党委书记兼任董事长的人数	双向进入比例	交叉任职的人数	党委书记兼任董事长的人数
金字塔层级	−0.145*** (−3.676)	−0.009*** (−3.501)	−0.007*** (−3.516)	−0.169*** (−3.493)	−0.010*** (−3.169)	−0.006** (−2.017)	0.023 (0.234)	−0.001 (−0.099)	0.000 (0.054)
国有企业级别	−0.312*** (−3.602)	−0.024*** (−4.167)	−0.025*** (−6.299)	−0.447*** (−4.798)	−0.030*** (−4.651)	−0.029*** (−5.638)	−0.130 (−0.523)	−0.019 (−1.210)	−0.022* (−1.714)

续表

被解释变量	全样本			讨论前置实施前			讨论前置实施后		
董事会异议	(1)	(2)	(3)	(4)	(5)	(6)	(7)	(8)	(9)
相关系数	−0.659***	−0.633***	−0.755**	−0.795***	−0.767***	−0.869***	0.270	0.454	0.759***
	(−4.486)	(−2.628)	(−2.569)	(−5.774)	(−3.682)	(−4.255)	(0.506)	(1.008)	(4.096)
年份	控制	控制	控制	控制	控制	控制	控制	控制	控制
行业	控制	控制	控制	控制	控制	控制	控制	控制	控制
观测值数	13 721	13 721	13 721	11 274	11 274	11 274	2 447	2 447	2 447
沃尔德检验值	278.155	260.829	455.044	499.715	439.634	871.444	20.240	27.522	95.002
概率	0.000	0.000	0.000	0.000	0.000	0.000	0.042	0.004	0.000

注：使用企业和年份的双重聚类稳健类标准误，括号内为 Z 值；***、**、* 分别表示 1%、5% 和 10% 的显著性水平。

表 5-9 企业业绩的调节效应（稳健性检验 1）

被解释变量 董事会异议	全样本 (1)	全样本 (2)	全样本 (3)	全样本 (4)	讨论前置实施前 (5)	讨论前置实施前 (6)	讨论前置实施后 (7)	讨论前置实施后 (8)	讨论前置实施后 (9)
双向进入比例	0.124*** (4.201)			0.155*** (5.203)			−0.051 (−0.535)		
双向进入比例和企业业绩交乘项	−0.109** (−2.001)			−0.082* (−1.669)			−0.190 (−0.918)		
交叉任职人数		1.936*** (2.647)			2.380*** (3.702)			−1.446 (−1.105)	
交叉任职人数和企业业绩交乘项		−1.721* (−1.869)			−1.665* (−1.777)			0.779 (0.379)	
党委书记兼任董事长人数			3.181*** (2.699)			3.765*** (4.425)			−2.794*** (−3.944)
党委书记兼任董事长人数和企业业绩交乘项			−2.250 (−1.600)			−2.008 (−1.271)			−0.364 (−0.221)
企业规模	−0.031** (−2.247)	−0.026* (−1.898)	−0.028** (−2.251)	−0.022* (−1.813)	−0.017 (−1.279)	−0.019* (−1.840)	−0.106** (−2.487)	−0.101** (−2.360)	−0.080** (−2.264)
企业业绩	−0.230 (−0.725)	−0.291 (−0.892)	−0.203 (−0.674)	−0.378 (−1.251)	−0.424 (−1.301)	−0.312 (−1.019)	0.958 (0.911)	0.532 (0.570)	0.508 (0.716)
资产负债率	0.187* (1.835)	0.179 (1.619)	0.179* (1.709)	0.133 (1.471)	0.126 (1.274)	0.132 (1.483)	0.554* (1.887)	0.559** (2.008)	0.479** (2.176)

续表

被解释变量	全样本				讨论前置实施前			讨论前置实施后	
董事会异议	(1)	(2)	(3)	(4)	(5)	(6)	(7)	(8)	(9)
股权制衡度	0.179***	0.175***	0.152**	0.173***	0.171**	0.135*	0.101	0.104	0.109
	(3.092)	(2.806)	(2.220)	(2.858)	(2.463)	(1.668)	(0.531)	(0.592)	(0.852)
管理层持股比例	-4.691***	-4.483**	-3.842*	-4.584**	-4.340*	-3.495	-4.236	-3.777	-2.630
	(-2.593)	(-2.327)	(-1.838)	(-2.155)	(-1.881)	(-1.448)	(-1.192)	(-1.138)	(-1.061)
机构投资者持股比例	-0.032	-0.043	-0.071	-0.039	-0.054	-0.050	0.576*	0.540	0.421*
	(-0.414)	(-0.543)	(-1.033)	(-0.485)	(-0.636)	(-0.689)	(1.685)	(1.609)	(1.729)
董事会规模	0.479***	0.469***	0.413**	0.364***	0.353***	0.292*	0.680**	0.619*	0.459*
	(4.854)	(4.017)	(2.458)	(3.431)	(2.820)	(1.815)	(2.098)	(1.943)	(1.928)
董事会独立性	1.069**	1.098**	0.946	0.931**	0.989*	0.789	0.560	0.496	0.360
	(2.754)	(2.346)	(1.574)	(2.200)	(1.871)	(1.254)	(0.533)	(0.506)	(0.510)
董事会会议次数	0.278***	0.290***	0.236*	0.248***	0.266**	0.196	0.165	0.138	0.091
	(3.998)	(3.177)	(1.726)	(2.747)	(2.280)	(1.320)	(1.110)	(0.963)	(0.874)
国有企业级别	-0.008	-0.000	0.047	0.065	0.065	0.113**	-0.124	-0.132	-0.136
	(-0.180)	(-0.003)	(0.691)	(1.457)	(1.235)	(2.028)	(-1.133)	(-1.296)	(-1.640)
常数项	-3.134***	-3.220***	-2.686**	-2.700***	-2.848***	-2.182	-1.994	-1.682	-1.035
	(-5.356)	(-3.847)	(-2.001)	(-3.336)	(-2.606)	(-1.533)	(-1.502)	(-1.345)	(-1.210)
第一阶段	双向进人比例	交叉任职的人数	党委书记兼任董事长的人数	双向进人比例	交叉任职的人数	党委书记兼任董事长的人数	双向进人比例	交叉任职的人数	党委书记兼任董事长的人数

续表

被解释变量	全样本			讨论前置实施前			讨论前置实施后		
董事会异议	(1)	(2)	(3)	(4)	(5)	(6)	(7)	(8)	(9)
金字塔层级	-0.146***	-0.009***	-0.007***	-0.170***	-0.010***	-0.007**	0.023	-0.001	0.000
	(-3.699)	(-3.537)	(-3.583)	(-3.532)	(-3.226)	(-2.176)	(0.232)	(-0.101)	(0.055)
国有企业级别	-0.311***	-0.024***	-0.025***	-0.447***	-0.030***	-0.028***	-0.130	-0.019	-0.022*
	(-3.596)	(-4.161)	(-6.295)	(-4.796)	(-4.652)	(-5.767)	(-0.522)	(-1.209)	(-1.714)
相关系数	-0.665***	-0.643***	-0.764***	-0.798***	-0.774***	-0.871***	0.268	0.453	0.760***
	(-4.648)	(-2.774)	(-2.773)	(-5.946)	(-3.925)	(-4.667)	(0.497)	(1.006)	(4.098)
年份	控制	控制	控制	控制	控制	控制	控制	控制	控制
行业	控制	控制	控制	控制	控制	控制	控制	控制	控制
观测值数	13 721	13 721	13 721	11 274	11 274	11 274	2 447	2 447	2 447
沃尔德检验值	299.080	284.282	514.942	527.788	483.177	954.017	20.142	27.711	95.950
概率	0.000	0.000	0.000	0.000	0.000	0.000	0.064	0.006	0.000

注：使用企业和年份的双重聚类稳健标准误，括号内为 Z 值；***、**、* 分别表示 1%、5% 和 10% 的显著性水平。

5 国有企业政治治理对董事会决策的影响：以企业为样本

表 5-10 金字塔层级的调节效应（稳健性检验 1）

被解释变量 董事会异议	全样本 (1)	全样本 (2)	全样本 (3)	全样本 (4)	讨论前置实施前 (5)	讨论前置实施前 (6)	讨论前置实施后 (7)	讨论前置实施后 (8)	讨论前置实施后 (9)
双向进入比例	0.108*** (2.780)			0.000 (.)			0.108*** (2.780)		
双向进入比例与金字塔层级的交乘项	0.013 (0.596)			0.156*** (5.157)			0.013 (0.596)		
交叉任职的人数		1.827** (2.302)		0.000 (.)				1.827** (2.302)	
交叉任职的人数与金字塔层级的交乘项		0.072 (0.277)			2.378*** (3.587)			0.072 (0.277)	
党委书记兼任董事长的人数			3.148** (2.554)	0.000 (.)					3.148** (2.554)
党委书记兼任董事长的人数与金字塔层级的交乘项			-0.013 (-0.055)			3.766*** (4.078)			-0.013 (-0.055)
金字塔层级	0.162 (1.554)	0.189* (1.703)	0.173 (1.449)	0.000 (.)	0.000 (.)	0.000 (.)	0.162 (1.554)	0.189* (1.703)	0.173 (1.449)
企业规模	-0.030** (-2.183)	-0.026* (-1.831)	-0.027** (-2.193)	-0.022* (-1.826)	-0.017 (-1.288)	-0.019* (-1.829)	-0.030** (-2.183)	-0.026* (-1.831)	-0.027** (-2.193)
企业业绩	-0.394 (-1.261)	-0.438 (-1.327)	-0.339 (-1.016)	-0.489 (-1.589)	-0.550 (-1.594)	-0.416 (-1.124)	-0.394 (-1.261)	-0.438 (-1.327)	-0.339 (-1.016)

· 105 ·

续表

被解释变量 董事会异议	全样本 (1)	全样本 (2)	全样本 (3)	讨论前置实施前 (4)	讨论前置实施前 (5)	讨论前置实施前 (6)	讨论前置实施后 (7)	讨论前置实施后 (8)	讨论前置实施后 (9)
资产负债率	0.188*	0.182	0.182*	0.133	0.127	0.133	0.188*	0.182	0.182*
	(1.820)	(1.622)	(1.692)	(1.469)	(1.275)	(1.436)	(1.820)	(1.622)	(1.692)
股权制衡度	0.176***	0.171***	0.150**	0.169***	0.167**	0.133	0.176***	0.171***	0.150**
	(3.034)	(2.758)	(2.207)	(2.817)	(2.411)	(1.570)	(3.034)	(2.758)	(2.207)
管理层持股比例	-4.617**	-4.403**	-3.791*	-4.544**	-4.312*	-3.509	-4.617**	-4.403**	-3.791*
	(-2.540)	(-2.286)	(-1.814)	(-2.138)	(-1.861)	(-1.378)	(-2.540)	(-2.286)	(-1.814)
机构投资者持股比例	-0.023	-0.033	-0.063	-0.034	-0.050	-0.050	-0.023	-0.033	-0.063
	(-0.291)	(-0.412)	(-0.902)	(-0.429)	(-0.587)	(-0.673)	(-0.291)	(-0.412)	(-0.902)
董事会规模	0.486***	0.477***	0.421**	0.366**	0.348***	0.288*	0.486***	0.477***	0.421**
	(4.878)	(4.034)	(2.444)	(3.397)	(2.744)	(1.695)	(4.878)	(4.034)	(2.444)
董事会独立性	1.078***	1.108**	0.961	0.926**	0.982*	0.787	1.078***	1.108**	0.961
	(2.755)	(2.355)	(1.572)	(2.168)	(1.824)	(1.170)	(2.755)	(2.355)	(1.572)
董事会会议次数	0.275***	0.285***	0.233*	0.248***	0.265**	0.197	0.275***	0.285***	0.233*
	(3.983)	(3.176)	(1.724)	(2.707)	(2.219)	(1.229)	(3.983)	(3.176)	(1.724)
国有企业级别	-0.012	-0.004	0.043	0.062	0.063	0.112*	-0.012	-0.004	0.043
	(-0.276)	(-0.075)	(0.615)	(1.368)	(1.161)	(1.863)	(-0.276)	(-0.075)	(0.615)
常数项	-3.322***	-3.433***	-2.898**	-2.696***	-2.826**	-2.178	-3.322***	-3.433***	-2.898**
	(-5.297)	(-3.848)	(-1.992)	(-3.280)	(-2.525)	(-1.418)	(-5.297)	(-3.848)	(-1.992)

续表

被解释变量	全样本			讨论前置实施前			讨论前置实施后		
董事会异议	(1)	(2)	(3)	(4)	(5)	(6)	(7)	(8)	(9)
	双向进人比例	交叉任职的人数	党委书记兼任董事长的人数	双向进人比例	交叉任职的人数	党委书记兼任董事长的人数	双向进人比例	交叉任职的人数	党委书记兼任董事长的人数
第一阶段									
金字塔层级	-0.153***	-0.010***	-0.007***	-0.173***	-0.010***	-0.006**	-0.153***	-0.010***	-0.007***
	(-3.846)	(-3.637)	(-3.862)	(-3.604)	(-3.240)	(-2.066)	(-3.846)	(-3.637)	(-3.862)
国有企业级别	-0.308***	-0.024***	-0.025***	-0.446***	-0.030***	-0.029***	-0.308***	-0.024***	-0.025***
	(-3.551)	(-4.108)	(-6.220)	(-4.785)	(-4.648)	(-5.639)	(-3.551)	(-4.108)	(-6.220)
相关系数	-0.658***	-0.638***	-0.758***	-0.798***	-0.774***	-0.869***	-0.658***	-0.638***	-0.758***
	(-4.476)	(-2.707)	(-2.668)	(-5.844)	(-3.808)	(-4.265)	(-4.476)	(-2.707)	(-2.668)
年份	控制	控制	控制	控制	控制	控制	控制	控制	控制
行业	控制	控制	控制	控制	控制	控制	控制	控制	控制
观测值数	13 721	13 721	13 721	11 274	11 274	11 274	13 721	13 721	13 721
沃尔德检验值	279.551	266.378	466.002	1 888.667	1 790.790	1 779.480	279.551	266.378	466.002
概率	0.000	0.000	0.000	0.000	0.000	0.000	0.000	0.000	0.000

注：使用企业和年份的双重聚类稳健标准误，括号内为Z值；***、**、*分别表示1%、5%和10%的显著性水平。

5.4.2 替换成董事会多样性的影响

根据考克斯和布莱克（Cox and Blake, 1991）的研究, 较好的团队异质性代表在解决问题方面有着更丰富的经验基础, 由此产生的管理多样性对于改进问题的解决方案和科学决策都具有重要意义。在本书的研究中, 国有企业党组织成员进入董事会参与决策, 政治型董事的加入丰富了董事会的团队多样性。采用赫芬达尔指数法（Herfindahl Index）测度董事会多样性, 即 $HHI = 1 - (\sum_{i=1}^{n} P_i^2)$, 其中, P_i 为董事会中第 i 类成员的占比（$i=1$ 代表政治型董事, $i=2$ 代表经济型董事）, n 为类别数, HHI 为大于 0 小于 1 的数值, HHI 越大代表董事会多样性程度越高。本书以董事会多样性作为国有企业政治治理的替代变量, 检验其对董事会异议的影响。表 5-11 的回归结果表明董事会多样性程度对董事会异议的影响显著为正, 讨论前置实施后, 董事会异议减少, 研究假设 5-2~5-4 能够得到支持。

表 5-11 国有企业董事会多样性对董事会异议的影响

被解释变量 董事会异议	全样本 (1)	讨论前置实施前 (2)	讨论前置实施后 (3)
董事会多样性	7.067***	10.221***	-3.382
	(3.442)	(5.961)	(-0.738)
企业规模	-0.030**	-0.023*	-0.108**
	(-2.058)	(-1.879)	(-2.549)
企业业绩	-0.401	-0.448	0.579
	(-1.219)	(-1.528)	(0.604)
资产负债率	0.217**	0.151*	0.551*
	(2.010)	(1.697)	(1.873)
股权制衡度	0.179***	0.165***	0.104
	(2.937)	(2.889)	(0.547)
管理层持股比例	-4.912**	-4.514**	-4.267
	(-2.573)	(-2.175)	(-1.201)

续表

被解释变量 董事会异议	全样本 (1)	讨论前置实施前 (2)	讨论前置实施后 (3)
机构投资者持股比例	-0.036 (-0.437)	-0.046 (-0.584)	0.586* (1.806)
董事会规模	0.500*** (5.038)	0.360*** (3.563)	0.693** (2.241)
董事会独立性	1.191*** (2.994)	0.930** (2.318)	0.572 (0.540)
董事会会议次数	0.304*** (4.451)	0.244*** (2.906)	0.162 (1.101)
国有企业级别	-0.024 (-0.543)	0.063 (1.490)	-0.119 (-1.073)
常数项	-3.394*** (-6.188)	-2.676*** (-3.609)	-1.972 (-1.620)
第一阶段	董事会多样性	董事会多样性	董事会多样性
金字塔层级	-0.002*** (-3.306)	-0.002*** (-3.540)	0.001 (0.522)
国有企业级别	-0.004*** (-3.015)	-0.006*** (-4.427)	-0.001 (-0.180)
相关系数	-0.597*** (-3.891)	-0.807*** (-6.835)	0.238 (0.597)
年份	控制	控制	控制
行业	控制	控制	控制
观测值数	13 721	11 274	2 447
沃尔德检验值	232.756	602.724	20.011
概率	0.000	0.000	0.045

注：使用企业和年份的双重聚类稳健标准误，括号内为 Z 值；***、**、*分别表示1%、5%和10%的显著性水平。

为了检验企业业绩和金字塔层级对国有企业董事会多样性与董事会异议之间关系的调节效应，将国有企业董事会多样性（hhi）与总资产净利润率

（roa）的交乘项加入回归模型。根据表 5-12 的回归结果，交乘项的系数和显著性与表 5-6 和表 5-7 的结果基本保持一致，研究假设 5-5 和研究假设 5-6 可以通过稳健性检验。

表 5-12　企业业绩和金字塔层级的调节效应（稳健性检验 2）

被解释变量 董事会异议	全样本 (1)	全样本 (2)	讨论前置实施前 (3)	讨论前置实施前 (4)	讨论前置实施后 (5)	讨论前置实施后 (6)
国有企业董事会多样性	7.271*** (3.632)	6.312** (2.462)	10.313*** (6.233)	0.000 (.)	-3.049 (-0.659)	-1.133 (-0.200)
国有企业董事会多样性与企业业绩的交乘项	-7.284** (-1.968)		-4.974 (-1.601)		-14.402 (-1.211)	
国有企业董事会多样性与企业业绩的交乘项		0.754 (0.541)		10.332*** (6.180)		-2.384 (-0.857)
金字塔层级		0.171 (1.550)		0.000 (.)		-0.002 (-0.007)
企业规模	-0.030** (-2.067)	-0.029** (-1.998)	-0.023* (-1.883)	-0.023* (-1.897)	-0.107** (-2.513)	-0.109** (-2.574)
企业业绩	0.215** (2.007)	-0.411 (-1.245)	0.151* (1.699)	-0.448 (-1.538)	0.550* (1.858)	0.577 (0.598)
资产负债率	0.181*** (2.976)	0.217** (1.995)	0.166*** (2.922)	0.151* (1.698)	0.105 (0.553)	0.560* (1.909)
股权制衡度	-4.920*** (-2.592)	0.178*** (2.914)	-4.521** (-2.192)	0.163*** (2.881)	-4.335 (-1.215)	0.098 (0.513)
管理层持股比例	-0.035 (-0.431)	-4.842** (-2.534)	-0.043 (-0.557)	-4.484** (-2.176)	0.578* (1.781)	-4.228 (-1.190)
机构投资者持股比例	0.500*** (5.054)	-0.025 (-0.304)	0.360*** (3.599)	-0.039 (-0.503)	0.695** (2.239)	0.590* (1.813)
董事会规模	1.187*** (2.995)	0.508*** (5.087)	0.933** (2.343)	0.362*** (3.569)	0.566 (0.533)	0.697** (2.261)
董事会独立性	0.301*** (4.434)	1.199*** (3.002)	0.242*** (2.941)	0.930** (2.320)	0.164 (1.114)	0.599 (0.572)

续表

被解释变量 董事会异议	全样本		讨论前置实施前		讨论前置实施后	
	(1)	(2)	(3)	(4)	(5)	(6)
董事会会议次数	-0.022 (-0.511)	0.298*** (4.417)	0.064 (1.527)	0.242*** (2.908)	-0.120 (-1.076)	0.165 (1.131)
国有企业级别	-3.385*** (-6.185)	-0.027 (-0.609)	-2.674*** (-3.669)	0.061 (1.440)	-2.014 (-1.640)	-0.112 (-1.009)
常数项	-0.030** (-2.067)	-3.585*** (-6.115)	-0.023* (-1.883)	-2.671*** (-3.620)	-0.107** (-2.513)	-1.982 (-1.572)
第一阶段	国有企业董事会多样性	国有企业董事会多样性	国有企业董事会多样性	国有企业董事会多样性	国有企业董事会多样性	国有企业董事会多样性
金字塔层级	-0.002*** (-3.326)	-0.002*** (-3.430)	-0.002*** (-3.580)	-0.003*** (-3.650)	0.001 (0.520)	0.001 (0.513)
国有企业级别	-0.004*** (-3.010)	-0.004*** (-2.975)	-0.006*** (-4.426)	-0.006*** (-4.414)	-0.001 (-0.180)	-0.001 (-0.177)
相关系数	-0.604*** (-4.025)	-0.593*** (-3.836)	-0.809*** (-7.041)	-0.809*** (-6.937)	0.237 (0.590)	0.237 (0.594)
年份	控制	控制	控制	控制	控制	控制
行业	控制	控制	控制	控制	控制	控制
观测值数	13 721	13 721	11 274	11 274	2 447	2 447
沃尔德检验值	248.845	231.370	635.071	2498.140	20.303	21.312
概率	0.000	0.000	0.000	0.000	0.062	0.067

注：使用企业和年份的双重聚类稳健标准误，括号内为 Z 值；***、**、*分别表示1%、5%和10%的显著性水平。

5.5 进一步分组检验

进一步对比分析国有企业政治治理对董事会决策的影响在中央国有企业和地方国有企业之间的差异，结果见表 5-13。发现国有企业党组织与董事会的交叉任职在地方国有企业中对董事会异议有显著的正向影响,但是在中央国有企业中的影响不显著。

表 5-13 国有企业政治治理对董事会异议的影响(分地方国企和中央国企)

被解释变量 董事会异议	地方国企			中央国企		
	(1)	(2)	(3)	(4)	(5)	(6)
双向进入	0.345 (0.762)			-0.686 (-1.211)		
交叉任职		1.702* (1.904)			-0.337 (-0.129)	
党委书记兼任董事长			1.946** (2.436)			1.936* (1.864)
企业规模	-0.013 (-0.575)	-0.019 (-0.804)	-0.019 (-0.816)	-0.026 (-0.876)	-0.030 (-0.909)	-0.027 (-0.863)
企业业绩	-0.769 (-1.609)	-0.758 (-1.616)	-0.789* (-1.649)	-0.429 (-0.698)	-0.385 (-0.581)	-0.389 (-0.617)
资产负债率	0.276* (1.751)	0.268* (1.759)	0.271* (1.776)	0.233 (1.002)	0.259 (1.099)	0.226 (0.959)
股权制衡度	0.181** (2.025)	0.174* (1.913)	0.167* (1.800)	0.235* (1.749)	0.233* (1.709)	0.248* (1.846)
管理层持股比例	-11.191** (-2.524)	-10.823** (-2.516)	-10.773** (-2.492)	-1.559 (-0.577)	-1.509 (-0.552)	-1.427 (-0.524)
机构投资者持股比例	0.076 (0.625)	0.048 (0.390)	0.047 (0.383)	-0.134 (-0.776)	-0.143 (-0.662)	-0.209 (-1.141)
董事会规模	0.693*** (5.341)	0.664*** (5.070)	0.665*** (5.127)	0.209 (0.915)	0.222 (0.891)	0.199 (0.882)
董事会独立性	0.881* (1.697)	0.829* (1.657)	0.839* (1.691)	2.679*** (3.773)	2.641*** (3.631)	2.489*** (3.426)
董事会会议次数	0.409*** (5.638)	0.407*** (5.752)	0.401*** (5.720)	0.322*** (3.003)	0.327*** (2.955)	0.323*** (2.989)
常数项	-4.542*** (-8.603)	-4.309*** (-7.497)	-4.304*** (-7.744)	-3.542*** (-5.409)	-3.575*** (-5.413)	-3.543*** (-5.488)

续表

被解释变量 董事会异议	地方国企			中央国企		
	(1)	(2)	(3)	(4)	(5)	(6)
第一阶段	双向进入	交叉任职	党委书记兼任董事长	双向进入	交叉任职	党委书记兼任董事长
金字塔层级	-0.075***	-0.057**	-0.070**	0.040**	0.001	-0.007
	(-3.556)	(-2.175)	(-2.419)	(1.993)	(0.037)	(-0.241)
国有企业级别	0.000	0.000	0.000	0.000	0.000	0.000
	(.)	(.)	(.)	(.)	(.)	(.)
相关系数	-0.257	-0.724***	-0.763***	0.310	0.095	-0.758***
	(-1.222)	(-2.828)	(-3.569)	(0.864)	(0.068)	(-2.731)
年份	控制	控制	控制	控制	控制	控制
行业	控制	控制	控制	控制	控制	控制
观测值数	9 277	9 277	9 277	4 444	4 444	4 444
卡方检验值	96.850	113.180	119.017	43.504	37.020	41.668
概率	0.000	0.000	0.000	0.000	0.000	0.000

注：使用企业和年份的双重聚类稳健标准误，括号内为 Z 值；***、**、* 分别表示 1%、5% 和 10% 的显著性水平。

进一步对比分析国有企业政治治理对董事会决策的影响在高市场化指数和低市场化指数的国有企业之间的差异，结果见表 5-14。发现国有企业党组织与董事会的交叉任职在高市场化指数的国有企业中对董事会异议有显著的正向影响，但是在低市场化指数的国有企业中的影响不显著。

表 5-14 国有企业政治治理对董事会异议的影响（分高市场化指数和低市场化指数）

被解释变量 董事会异议	高市场化指数			低市场化指数		
	(1)	(2)	(3)	(4)	(5)	(6)
双向进入	0.854			0.406		
	(1.256)			(0.873)		
交叉任职		2.385***			0.428	
		(2.898)			(0.705)	

续表

被解释变量 董事会异议	高市场化指数			低市场化指数		
	(1)	(2)	(3)	(4)	(5)	(6)
党委书记兼任董事长			2.311*** (3.586)			1.079* (1.789)
企业规模	-0.006 (-0.257)	-0.017 (-0.580)	-0.009 (-0.381)	-0.015 (-0.596)	-0.014 (-0.549)	-0.015 (-0.592)
企业业绩	-1.313** (-2.274)	-1.105* (-1.775)	-1.243** (-2.228)	-0.194 (-0.382)	-0.221 (-0.433)	-0.216 (-0.421)
资产负债率	0.117 (0.656)	0.143 (0.794)	0.116 (0.672)	0.325* (1.757)	0.314* (1.684)	0.310* (1.674)
股权制衡度	0.187* (1.657)	0.199* (1.855)	0.188* (1.684)	0.200** (2.059)	0.197** (2.017)	0.192* (1.956)
管理层持股比例	-4.138* (-1.801)	-3.994* (-1.814)	-4.005* (-1.783)	-7.789 (-1.374)	-7.709 (-1.358)	-7.643 (-1.359)
机构投资者持股比例	-0.006 (-0.044)	-0.069 (-0.416)	-0.063 (-0.407)	-0.012 (-0.088)	-0.011 (-0.079)	-0.017 (-0.125)
董事会规模	0.260* (1.689)	0.320* (1.808)	0.272* (1.792)	0.766*** (4.719)	0.750*** (4.638)	0.746*** (4.623)
董事会独立性	0.994 (1.598)	0.984* (1.651)	0.981 (1.613)	1.788*** (3.235)	1.774*** (3.206)	1.773*** (3.239)
董事会会议次数	0.343*** (4.229)	0.344*** (4.549)	0.347*** (4.473)	0.444*** (5.006)	0.444*** (5.037)	0.436*** (4.987)
国有企业级别	-0.047 (-0.680)	-0.023 (-0.333)	-0.005 (-0.070)	-0.081 (-1.207)	-0.078 (-1.156)	-0.075 (-1.125)
常数项	-3.582*** (-6.323)	-3.475*** (-6.171)	-3.532*** (-6.408)	-5.047*** (-8.160)	-5.020*** (-8.256)	-4.969*** (-8.194)
第一阶段	双向进入	交叉任职	党委书记兼任董事长	双向进入	交叉任职	党委书记兼任董事长
金字塔层级	-0.030 (-1.579)	-0.054** (-2.136)	-0.091*** (-3.018)	-0.042** (-1.991)	-0.023 (-0.872)	-0.011 (-0.380)

续表

被解释变量	高市场化指数			低市场化指数		
董事会异议	(1)	(2)	(3)	(4)	(5)	(6)
国有企业级别	-0.121***	-0.199***	-0.385***	-0.045	-0.177***	-0.193***
	(-2.776)	(-3.742)	(-6.022)	(-0.978)	(-3.152)	(-3.013)
相关系数	-0.491*	-0.892***	-0.859***	-0.298	-0.277	-0.480**
	(-1.833)	(-5.354)	(-6.038)	(-1.434)	(-1.091)	(-2.351)
年份	控制	控制	控制	控制	控制	控制
行业	控制	控制	控制	控制	控制	控制
观测值数	6 908	6 908	6 908	6 813	6 813	6 813
卡方检验值	52.773	101.793	83.363	74.952	71.354	75.806
概率	0.000	0.000	0.000	0.000	0.000	0.000

注：使用企业和年份的双重聚类稳健标准误，括号内为Z值；***、**、*分别表示1%、5%和10%的显著性水平。

5.6 本章小结

基于我国2005—2017年沪深两市A股国有非金融上市公司董事会决议公告的文本资料，通过董事会成员在历次董事会会议中的投票情况（同意、反对、弃权），在企业层面上考察国有企业政治治理对董事会决策过程的影响。研究发现：

第一，国有企业党组织与董事会"双向进入"对董事会异议的影响不显著，国有企业党组织与董事会"交叉任职"，尤其是党委书记与董事长由同一人担任的情况下，国有企业更可能出现董事会异议。拓展了马连福等（2013）、陈仕华和卢昌崇（2014）、熊婷等（2015）关注政治治理对企业层面公司治理结果的局限性。国有企业党组织由于具有政治属性，可以超越一般公司治理主体追求短期利益或单一主体利益的局限性，从而成为董事会内部各方利益与关系的重要平衡力量，因此国有企业党组织与董事会"交叉任职"，尤其是党委书记与董事长由同一人担任的情况下，能够为党组织发挥作用提供职务保障，便于实现政治职能与经济职能的有机融合，实现党组织"把方向、管大局、保落实"职能，从而更可能出现董事会异议。

第二，在讨论前置实施前，企业业绩负向调节国有企业政治治理与董事会异议之间的正向相关关系，即当企业业绩较差时，实行政治治理的国有企业更可能出现董事会异议，在讨论前置实施后，这种影响不再显著。

第三，在讨论前置实施前，金字塔层级正向调节国有企业政治治理与董事会异议之间的正向相关关系，即当企业与实际控制人之间的金字塔层级较多时，实行政治治理的国有企业更可能出现董事会异议；在讨论前置实施后，这种影响不再显著。因此未来应该充分放权，改革国有资产管理体制，以管资本为主推进国有资本授权经营体制建设，国家不再直接干预国有企业，而是以股东的身份履行出资人的监管职责，从而在所有权和经营权分离的情况下，实现对国家所有者权益的保护，同时最大限度地赋予企业经营自主权，但同时加强党组织嵌入。

第四，进一步对比分析了国有企业政治治理对董事会决策的影响在中央国有企业和地方国有企业之间的差异，发现国有企业党组织与董事会的交叉任职在地方国有企业中对董事会异议有显著的正向影响，但是在中央国有企业中的影响不显著。而且国有企业党组织与董事会的交叉任职在高市场化指数的国有企业中对董事会异议有显著的正向影响，但是在低市场化指数的国有企业中的影响不显著。

6 国有企业政治治理影响董事会决策的经济后果分析

本章采用实证分析方法，从企业层面建立计量模型，研究国有企业政治治理影响董事会决策的经济后果，即检验国有企业政治治理通过影响董事会决策进而影响企业价值的路径，以及地区市场化程度和金字塔层级的调节效应。

6.1 研究假设

6.1.1 政治治理与企业价值

在我国国有企业内部实施政治治理，即推进党组织参与公司治理，能够将政治目标和社会目标内化到企业的经济目标中，影响董事会决策过程，有利于提升国有上市公司的治理效率，提升企业价值。首先，在"党管干部"的领导体制下，党组织参与公司治理能够有效制衡内部人控制问题（卢昌崇，1994；钱颖一，1995；陈仕华和卢昌崇，2014），尤其是在渐进式改革的过程中，国有企业内部市场化的激励约束机制尚不健全，党管干部对国有企业的管理者可以形成有效监督，奠定党组织的领导核心和政治核心地位（安蓉泉，1996；张祖忠和杜贤铁，2000）。其次，萨万特（Sawant，2012）及余怒涛和尹必超（2017）提出，国有企业党组织参与公司治理能够影响董事会决策思维，将政治逻辑和经济逻辑有机整合，从而降低代理成本；常和王（Chang and Wong，2004）及熊婷等（2015）提出国有企业党组织参与公司治理可以抑制大股东掏空行为。最后，在国有企业党组织与董事会成员"双向进入、交叉任职"的过程中,党组织与董事会、监事会、经理层之间出现了任职重合,这种人员上的重合能够有效提高国有企业的资源获取和运用能力(熊婷等,2015),从而提升决策的科学性和公司治理效果。基于以上分析,我国国有企业政治治理能够通过党管干部、影响决策思维、提升企业资源获取和运用能力,进而提升企业价值。因此,提出研究假设:

假设 6-1 国有企业政治治理对企业价值有显著的正向影响。

进一步将国有企业政治治理分为党组织与董事会的"双向进入"、党组织与董事会的"交叉任职"、党委书记与董事长由同一人担任,形成三个二级假设:

假设 6-1a 国有企业党组织与董事会的"双向进入"能够显著提升企业价值。

假设 6-1b 国有企业党组织与董事会的"交叉任职"能够显著提升企业价值。

假设 6-1c 国有企业党委书记与董事长由同一人担任能够显著提升企业价值。

6.1.2 董事会异议与企业价值

施莱费尔和维什尼(Shleifer and Vishny,1997)指出,企业价值主要依赖于董事会在决策和监督方面发挥作用来实现。董事会异议对提升企业价值的作用,体现在三个方面:第一,布瑞克和奇丹巴兰(Brick and Chidambaran,2007)提出,良好的董事会治理环境能够有效缓解外部股东和内部人之间的委托代理问题,起到监督管理层的作用;詹森(Jensen,1994)研究发现,董事会优化治理环境在一定程度上还可以增加管理层谋取个人私利的难度,从而降低代理成本,具有更高的市场价值(叶康涛等,2011)。第二,董事会决议公告需要及时对外发布,异议更能引起外部监管机构和投资者的关注,从而提高了企业的信息披露质量,阻止不良经营状况信息在企业内部囤积,降低会计信息风险和股价崩盘风险(梁权熙和曾海舰,2016),而且能够根据异议及时改进议案事项,有利于公司未来会计业绩的改善(郭姝君,

2018）。第三，董事会成员对相关议案进行投票并发表意见，是其积极履行决策和监督职责的体现（刘桂香等，2014），这相当于向市场上的投资者传递积极信号，即企业的各项决策能够兼顾到各个利益相关者的诉求，从而可以获得更好的市场反馈，提升上市公司未来股票收益率和企业价值（徐祯和陈亚民，2018），而且董事会非赞成票的比例越高，上市公司未来会计业绩越好（郭姝君，2018）。因此，提出研究假设：

假设6-2 国有企业董事会异议对企业价值有显著的正向影响。

6.1.3 国有企业政治治理、董事会异议与企业价值

根据前文的分析，我国国有企业实施政治治理有助于提升企业价值，但具体发挥作用的机制还有待进一步探讨。高阶理论在公司治理领域应用的代表性文献——戈尔和拉希德（Goll and Rasheed，2005）的研究表明，高管团队的特征主要通过影响决策过程影响组织绩效；佩蒂格鲁（Pettigrew，1992）也认为，如果缺少董事会决策过程的直接证据，很容易导致逻辑跳跃过大，因此本书认为应该深入考察董事会的实际决策过程。国有企业政治治理对企业价值的影响主要是通过影响董事会决策过程发挥作用的，即国有企业的党组织成员以"双向进入、交叉任职"的方式进入董事会，履行决策和监督职能，能够改善公司治理环境，并将政治目标和社会目标内化到董事会决策过程中，与国有企业的经济目标实现有机整合，影响董事会成员对"三重一大"事项的投票表决倾向，对重要人事变动、高管薪酬、筹集资金、重大投资、对外担保、重大资产变动等事项发挥积极的作用，进而影响企业价值。已有学者的研究能够支持这一分析思路，例如，熊婷等（2015）以资源依赖理论为基础，阐述了党组织与治理层和管理层的任职重合能够提高企业资源获取和运用能力，从而提高企业绩效。因此，提出研究假设：

假设6-3 国有企业政治治理对董事会异议有显著的正向影响，并以此路径对企业价值产生显著的正向影响。

6.1.4 地区市场化程度的调节效应

国有企业所处的宏观市场环境会影响政治治理发挥作用，若企业所在地区的市场经济发达程度较高，产权保护制度完善，契约执行程度高，党组织能够更好地发挥作用，杜巨澜等（2010）证明了独立董事此时更可能基于保护中小股东利益的考虑而发表异议。樊纲等（2011）、王小鲁等（2017）、王小鲁等（2019）从五个方面①构建了市场化指数，对中国各地区市场化程度进行了测度。本书采用市场化指数的连续面板数据，分析企业所处地区的市场化程度对国有企业政治治理与企业价值之间关系的影响。因此，提出研究假设：

假设 6-4 市场化水平正向调节国有企业政治治理与企业价值之间的关系。

6.1.5 金字塔层级的调节效应

国有上市公司与实际控制人之间的金字塔层级也会对政治治理与企业价值之间的关系起到调节作用，因为在不同层级的国有企业中，党组织的地位和作用存在明显的差异。当金字塔层级较低时，国有上市公司和实际控制人之间的层级数较少，说明政府对国有企业的干预较强，行政治理的程度较高，董事会决策更偏好行政逻辑，从而挤出公司治理的效应（马连福和曹春方，2011），此时国有企业决策偏好"合法性"（武立东等，2017），企业价值较低；当金字塔层级较高时，国有上市公司和实际控制人之间的层级数增加，政府直接干预国有企业决策的难度和成本都会增加（王凯和武立东，2015），此时董事会决策更偏好经济逻辑，董事会能够更好地发挥作用，企业价值较高。因此，提出研究假设：

假设 6-5 金字塔层级正向调节国有企业政治治理与企业价值之间的关系。

---

① 市场化指数的五个方面分别是：政府与市场的关系、非国有经济的发展、产品市场的发育程度、要素市场的发育程度、市场中介组织的发育程度和法治环境。

根据以上分析，我国国有企业党组织通过"双向进入、交叉任职"的方式参与董事会决策，在决策过程中融合政治逻辑和经济逻辑，也融合政治目标和经济目标，影响董事会决策结果，进而影响企业价值，即董事会异议在国有企业政治治理影响企业价值的过程中发挥中介作用，国有企业所处地区的市场化程度、国有企业与控股股东之间的金字塔层级会对政治治理与企业价值之间的关系起到调节作用，影响机制如图6-1所示。

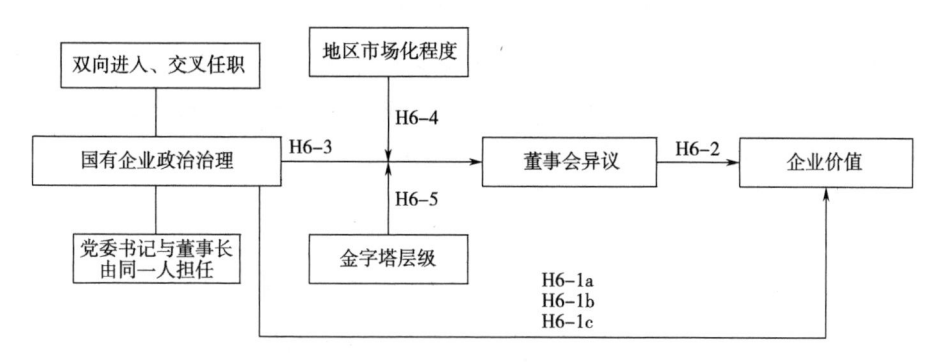

图6-1 国有企业政治治理影响董事会决策的经济后果

6.2 模型、变量与数据

6.2.1 模型设定

国有企业是否实行"双向进入、交叉任职"的治理模式与所处层级、行业等因素相关，或者受其他未观测到的企业特征的影响，即政治治理可能是内生的变量，而且党组织参与公司治理不是强制公开事项，可能存在一些企业实施了"双向进入、交叉任职"的政治治理模式，但没有被纳入本书的样本中，即存在样本选择偏差（sample selection bias）。基于此，本书采用包含内生性解释变量的扩展回归模型（extended regression models，ERM），在企业层面上检验国有企业政治治理对企业价值的影响。

$$tobinq_{i,t} = \alpha + \beta \cdot pol\_gov_{i,t} + \psi \cdot Control_{i,t} + \sum_{t=1}^{m} year_t + \sum_{p=1}^{n} ind_p + \varepsilon_{i,t} \quad (1)$$

模型（1）用于检验研究假设 6-1，被解释变量 $tobinq_{i,t}$ 用来表示企业价值，计算方法是上市公司市值除以资产总计；解释变量 $pol\_gov_{i,t}$ 用来表示国有企业政治治理，包括双向进入（entryd）、交叉任职（crossboard）、党委书记与董事长由同一人担任（crosschair）三个变量。若有党委会成员进入董事会，则值为 1，否则为 0；若有党委会成员与董事会成员交叉任职，则值为 1，否则为 0；若党委书记同时为董事长，则值为 1，否则值为 0。$Control_{i,t}$ 为一组控制变量的合集，包含总资产净利润率、资产负债率等公司财务特征变量，和股权制衡度、管理层持股比例、机构投资者持股比例、董事会规模、董事会独立性、董事会会议次数等公司治理特征变量；$\varepsilon_{i,t}$ 为回归模型的残差项。

为了检验研究假设 6-2 和研究假设 6-3，本书采用分步法检验董事会异议在国有企业政治治理影响企业价值之间的中介效应，首先构建模型（2）用于检验国有企业政治治理对董事会异议的影响：

$$\ln\left(\frac{P(dissent_{i,t}=1)}{1-P(dissent_{i,t}=1)}\right) = \alpha + \beta \cdot pol\_gov_{i,t} + \psi \cdot Control_{i,t} \\ + \sum_{t=1}^{m} year_t + \sum_{p=1}^{n} ind_p + \varepsilon_{i,t} \quad (2)$$

进一步构建模型（3）用于检验国有企业政治治理、董事会异议对企业价值的影响：

$$tobinq_{i,t} = \alpha + \beta \cdot pol\_gov_{i,t} + \delta \cdot dissent_{i,t} + \psi \cdot Control_{i,t} \\ + \sum_{t=1}^{m} year_t + \sum_{p=1}^{n} ind_p + \varepsilon_{i,t} \quad (3)$$

为了检验研究假设 6-4，考察地区市场化程度对国有企业政治治理与企业价值之间关系的影响，本书构建了模型（4），即在模型（1）的基础上增加一个国有企业所在地区的市场化程度与解释变量的交乘项，地区市场化程度用樊纲等（2011）、王小鲁等（2017）、王小鲁等（2019）测得的市场化指数（market）来衡量。

$$tobinq_{i,t} = \alpha + \beta \cdot pol\_gov_{i,t} + \gamma \cdot pol\_gov_{i,t} \cdot market_{i,t} + \psi \cdot Control_{i,t} \\ + \sum_{t=1}^{m} year_t + \sum_{p=1}^{n} ind_p + \varepsilon_{i,t} \quad (4)$$

为了检验研究假设6-5，考察金字塔层级对国有企业政治治理与企业价值之间关系的影响，本书构建了模型（5），即模型（1）的基础上增加一个金字塔层级与解释变量的交乘项，金字塔层级用上市公司与最终控制人之间的层级数（$layer$）来衡量。

$$tobinq_{i,t} = \alpha + \beta \cdot pol\_gov_{i,t} + \gamma \cdot pol\_gov_{i,t} \cdot layer_{i,t} + \psi \cdot Control_{i,t} + \sum_{t=1}^{m} year_t + \sum_{p=1}^{n} ind_p + \varepsilon_{i,t} \quad (5)$$

6.2.2 变量定义

被解释变量为企业价值。托宾Q值（$Tobin-Q$）反映的是上市公司市值与其总资产之间的比值，相比于净资产收益率、总资产回报率等更不容易被操控，而且能够较好地体现企业的成长性和市场价值（叶康涛等，2010；池国华等，2013），因此本书采用托宾Q值作为企业价值的代理变量。

解释变量为国有企业政治治理，包括三个方面的变量。第一个是国有企业党组织与董事会的"双向进入"，若有党委会成员进入董事会参与决策，值为1，否则为0；第二个是国有企业党组织与董事会的"交叉任职"，若有党委会成员与董事会成员交叉任职，值为1，否则为0；第三个是当党委书记与董事长由同一人担任的时候，值为1，否则为0。

中介变量为董事会异议。根据沪深两市证券交易所的规定，在上市公司董事会决策过程中，有表决权的董事需要对相关议案进行投票，有同意、反对、弃权三种选择，如果董事对某项议案投反对票或弃权票，还需要说明理由。本书认为，董事投反对票是一种表达强烈异议的方式，而投弃权票也是一种表达异议的方式，同样会影响到董事会议案的通过与否，所以本书将董事投反对票和弃权票都视作董事异议。若公司在年度内有董事异议，值为1，否则为0。

调节变量为市场化指数和金字塔层级。借鉴杜巨澜等（2010）的研究，采用樊纲等（2011）、王小鲁等（2017）、王小鲁等（2019）测算出的地区市场化指数，衡量上市公司所在地区的市场化程度，根据前文的分析，当企业所处地区的市场化程度较高时，国有企业党组织能够更好地发挥作用，对企业价值产生显著的正向影响。对金字塔层级的界定和计算方法与第 5 章相同。

控制变量包含企业规模、企业业绩等公司财务特征变量，和股权制衡度、管理层持股比例、机构投资者持股比例、董事会规模、董事会独立性、董事会会议次数等公司治理特征变量。变量解释如下：①企业规模（scale）用总资产的自然对数衡量；②企业业绩（roa）用总资产净利润率衡量，计算方法是净利润除以总资产；③资产负债率（lev）的计算公式是企业总负债除以企业总资产；④股权制衡度（restriction）用第二大股东持股比例除以第一大股东持股比例衡量；⑤管理层持股比例（manshare）用管理层持股数除以总股本衡量；⑥机构投资者持股比例（instiratio）用机构投资者持股数量除以总股本衡量；⑦董事会规模（boardsize）用董事会人数衡量；⑧董事会独立性（indratio）用独立董事比例即独立董事人数除以董事会总人数衡量；⑨董事会会议次数（boardmeeting）即样本公司在年度内召开的会议次数，包括现场会议和通信会议；⑩国有企业级别（hierarchy），中央国有企业值为 1，地方国有企业值为 0。本章的计量模型所涉及的主要变量定义见表 6-1。

表 6-1 变量定义

变量类型	变量名称	变量符号	变量定义
被解释变量	企业价值	Tobin-Q	上市公司市值/资产总计
解释变量	双向进入	entryd	若党委会成员进入董事会，值为 1，否则为 0
解释变量	交叉任职	crossboard	若有党委会成员与董事会成员交叉任职，值为 1，否则为 0
解释变量	交叉任职	crosschair	若党委书记与董事长由同一人担任，值为 1，否则为 0
控制变量	企业规模	scale	总资产的自然对数
控制变量	企业业绩	roa	总资产净利润率=净利润/总资产
控制变量	资产负债率	lev	企业总负债/企业总资产

续表

变量类型	变量名称	变量符号	变量定义
控制变量	股权制衡度	restriction	第二大股东持股比例/第一大股东持股比例
	管理层持股比例	manshare	管理层持股数/总股本
	机构投资者持股比例	instiratio	机构投资者持股数量合计/总股本
	董事会规模	boardsize	董事会人数
	董事会独立性	indratio	独立董事比例
	董事会会议次数	boardmeeting	董事会会议次数
	年份	year	年份虚拟变量，若企业处于当年，值为1，否则为0
	行业	industry	行业虚拟变量，若企业处于该行业，值为1，否则为0

6.2.3 数据说明

本章的实证研究以2005—2017年沪深两市A股国有上市公司为基础样本，剔除ST、*ST等，剔除金融行业的上市公司，最终包含13 721个公司年度样本。具体数据获取和整理过程如下：第一步，从上海证券交易所和深圳证券交易所的网站收集国有上市公司历次董事会决议公告，并筛选出有董事投反对票的样本；第二步，手工整理董事会决策过程中董事的投票情况，形成中介变量（董事会异议）的指标数据，若样本公司在年度内有董事异议，值为1，否则为0；第三步，从CSMAR经济金融研究数据库获取上市公司董事的任职信息和兼任情况，结合手工查阅上市公司年报中的董事、监事、高层管理者任职信息和简历等，整理出党组织成员名单（党委书记、党委副书记、党委委员），并将党组织成员名单与董事会成员名单进行匹配，形成解释变量"双向进入"、"交叉任职"和"党委书记与董事长由同一人担任"的指标数据；第四步，从CSMAR经济金融研究数据库、RESSET数据库和CCER数据库获取企业价值（Tobin-Q）的数据，并依据公司—年份与董事会异议、政治治理的数据进行匹配；第五步，从王小鲁等（2017）、王小鲁等（2019）所著的《中国分省份市场化指数报告（2016）》和《中国分省份市场化指数报告（2018）》中获取上市公司所在地区的市场化指数数据；第六步，通过 CSMAR 数据库中上市公司股东控制关系链公告图手工整理得到上市公司与最终控制人之间的金字塔层级数据。此外，上市公司的总资产净利润率、资产负债率等公司财务特征变量，和股权制衡度、管理层持股比例、机构投资者持股比例、董事会规模、董事会独立性、董事会会议次数等公司治理特征变量数据来源于 CSMAR 经济金融研究数据库和 RESSET 数据库。

6.3 实证结果

6.3.1 描述性统计分析

表 6-2 为主要变量的描述性统计分析结果。被解释变量企业价值（$Tobin-Q$）的均值为 1.780，标准差为 1.140。解释变量双向进入（$entryd$）和交叉任职（$crossboard$）的均值分别为 0.121 和 0.067，表明仅有少数国有企业实行了党委会与董事会成员的"双向进入、交叉任职"，多数企业的董事会中不包含党组织成员；本书的样本中有 5% 的企业党委书记与董事长由同一人担任。从控制变量的情况看，样本企业之间规模差异较大，企业业绩（roa）、资产负债率（lev）、股权制衡度（$restriction$）的标准差较小；样本企业的管理层持股比例（$manshare$）均值为 0.3%，机构投资者持股比例（$instiratio$）均值为 24.5%；样本企业董事会规模平均为 9 人，董事会人数最少的有 5 人，董事会人数最多的有 16 人；样本企业的独立董事平均占比为 36.2%，平均召开董事会会议 8 次；32.4% 的样本企业为中央国有企业。

表 6-2 描述性统计分析

变量	观测值	均值	标准差	中位数	最小值	最大值
企业价值	13 721	1.780	1.140	1.386	0.869	8.109
双向进入	13 721	0.121	0.326	0.000	0.000	1.000
交叉任职	13 721	0.067	0.250	0.000	0.000	1.000
党委书记与董事长由同一人担任	13 721	0.050	0.218	0.000	0.000	1.000
企业规模	13 721	22.306	1.510	22.056	19.475	27.488
企业业绩	13 721	0.030	0.056	0.028	-0.251	0.187
资产负债率	13 721	0.519	0.201	0.530	0.078	0.999
股权制衡度	13 721	0.271	0.282	0.146	0.004	0.980
管理层持股比例	13 721	0.003	0.016	0.000	0.000	0.120
机构投资者持股比例	13 721	0.245	0.242	0.155	0.000	0.890
董事会规模	13 721	2.232	0.206	2.197	1.609	2.773
董事会独立性	13 721	0.362	0.051	0.333	0.250	0.571
董事会会议次数	13 721	2.126	0.376	2.079	1.386	3.135
国有企业级别	13 721	0.324	0.468	0.000	0.000	1.000

6.3.2 相关分析

表 6-3 为变量之间相关性分析的结果。被解释变量企业价值（$Tobin-Q$）与解释变量双向进入（$entryd$）、交叉任职（$crossboard$）、党委书记与董事长由同一人担任（$crosschair$）之间的相关系数的符号均为正，与研究假设的预期相符合。此外，模型中解释变量与控制变量、控制变量两两之间的相关系数基本小于 0.4，表明不存在严重的多重共线性问题。

表 6-3 相关分析

变量	企业价值	双向进入	交叉任职	党委书记与董事长由同一人担任	企业规模	企业业绩	资产负债率	股权制衡度	管理层持股比例	机构投资者持股比例	董事会规模	董事会独立性	董事会会议次数	国有企业级别
企业价值	1.000													
双向进入	0.036	1.000												
交叉任职	0.004	0.725	1.000											
党委书记与董事长由同一人担任	0.000	0.619	0.854	1.000										
企业规模	−0.333	0.051	0.040	0.035	1.000									
企业业绩	0.107	−0.031	−0.029	−0.022	0.080	1.000								
资产负债率	−0.260	0.036	0.027	0.027	0.378	−0.369	1.000							
股权制衡度	0.003	0.001	0.028	0.035	0.044	−0.031	0.019	1.000						
管理层持股比例	0.068	−0.025	−0.006	0.002	−0.078	0.103	−0.134	0.128	1.000					
机构投资者持股比例	0.034	0.044	0.066	0.065	0.298	0.117	0.006	0.183	0.047	1.000				
董事会规模	−0.140	0.024	−0.019	−0.023	0.233	0.040	0.089	0.134	−0.027	0.032	1.000			
董事会独立性	0.014	0.030	0.033	0.031	0.169	−0.018	0.057	−0.017	−0.024	0.068	−0.301	1.000		
董事会会议次数	−0.036	0.041	0.027	0.025	0.233	−0.055	0.197	0.040	0.007	0.118	−0.031	0.093	1.000	
国有企业级别	0.052	−0.011	−0.035	−0.052	0.137	0.001	0.005	0.060	0.025	0.073	0.047	0.017	−0.001	1.000

6.3.3 回归分析

表6-4为国有企业党组织与董事会的双向进入（entryd）、交叉任职（crossboard）、党委书记与董事长由同一人担任（crosschair）与企业价值（Tobin-Q）的回归分析结果。根据回归结果可知，第一阶段的回归中，金字塔层级（layer）、国有企业级别（hierarchy）的系数可以通过T检验；第二阶段的回归中，国有企业党组织和董事会成员"双向进入"和"交叉任职"对企业价值有显著的正向影响，研究假设6-1a和研究假设6-1b得到支持；而且党委书记与董事长由同一人担任的情况下，企业价值更高，研究假设6-1c得到支持。因此，本书的回归分析结果表明：在控制了公司财务特征变量和公司治理特征变量后，国有企业政治治理对企业价值有显著的正向影响，研究假设6-1通过了显著性检验。控制变量企业规模（scale）、资产负债率（lev）、管理层持股比例（manshare）对企业价值有显著的负向影响，企业业绩（roa）、机构投资者持股比例（instiratio）、董事会独立性（indratio）对企业价值有显著的正向影响，中央国有企业的企业价值更高。

表6-4 国有企业政治治理对企业价值的影响

被解释变量：企业价值	（1）	（2）	（3）
双向进入	16.622*** (10.796)		
交叉任职		26.949*** (9.476)	
党委书记与董事长由同一人担任			31.987*** (9.606)
企业规模	-0.387*** (-36.544)	-0.387*** (-36.548)	-0.387*** (-36.594)
企业业绩	2.340*** (8.926)	2.321*** (8.846)	2.314*** (8.827)

续表

被解释变量：企业价值	（1）	（2）	（3）
资产负债率	-0.366***	-0.371***	-0.371***
	(-5.427)	(-5.489)	(-5.490)
股权制衡度	0.031	0.031	0.032
	(1.063)	(1.040)	(1.068)
管理层持股比例	-2.523***	-2.537***	-2.536***
	(-3.947)	(-3.970)	(-3.968)
机构投资者持股比例	0.249***	0.245***	0.246***
	(5.558)	(5.433)	(5.445)
董事会规模	0.047	0.050	0.049
	(1.173)	(1.253)	(1.217)
董事会独立性	0.626***	0.637***	0.635***
	(3.723)	(3.794)	(3.783)
董事会会议次数	0.014	0.015	0.013
	(0.672)	(0.678)	(0.620)
国有企业级别	0.417***	0.797***	1.066***
	(4.188)	(6.061)	(7.420)
常数项	7.961***	8.026***	8.167***
	(29.723)	(28.424)	(29.964)
第一阶段	双向进入	交叉任职	党委书记与董事长由同一人担任
金字塔层级	-0.001***	-0.001***	-0.001***
	(-2.928)	(-2.921)	(-2.967)
国有企业级别	-0.013**	-0.022***	-0.027***
	(-2.178)	(-5.057)	(-7.415)
相关系数	-0.986***	-0.991***	-0.992***
	(-391.612)	(-548.075)	(-601.574)
年份	控制	控制	控制
行业	控制	控制	控制

续表

被解释变量：企业价值	（1）	（2）	（3）
观测值数	13 721	13 721	13 721
沃尔德检验值	2 459.323	2 475.318	2 482.215
概率	0.000	0.000	0.000

注：使用企业和年份的双重聚类稳健标准误，括号内为Z值；***、**、*分别表示1%、5%和10%的显著性水平。

6.3.4 中介效应

表6-5检验国有企业政治治理通过影响董事会异议，进而影响企业价值发挥作用的机制，第一阶段的回归中，金字塔层级（*layer*）、国有企业级别（*hierarchy*）的系数可以通过T检验。第二阶段的回归中，模型（1）至（3）用于检验国有企业党组织与董事会的双向进入（*entryd*）、交叉任职（*crossboard*）、党委书记与董事长由同一人担任（*crosschair*）对企业价值（*TobinQ*）的影响，结果表明，国有企业政治治理的各变量对企业价值有显著的正向影响；模型（4）至（6）用于检验国有企业党组织与董事会的双向进入（*entryd*）、交叉任职（*crossboard*）、党委书记与董事长由同一人担任（*crosschair*）对董事会异议（*dissent*）的影响，结果表明，国有企业政治治理的各变量对董事会异议有显著的正向影响；模型（7）至（9）用于检验国有企业政治治理的各变量与董事会异议共同对企业价值的影响，结果表明，董事会异议的系数显著为正，研究假设6-2得到支持，而且加入董事会异议后，国有企业政治治理的各变量系数变小，证明董事会异议在国有企业政治治理影响企业价值的过程中发挥了部分中介作用，研究假设6-3得到支持。需要说明的是，本书第5章的分析表明，当企业业绩较差时更可能出现董事会异议，而本章的分析表明国有企业政治治理通过影响董事会决策进而提升了企业价值，这样的结果并不矛盾，赫马林和魏斯巴赫（Hermalin and Wrisbach，1998）曾提出市场价值是投资者对企业未来业绩的判断，而非历史业绩，而且存在董事会异议表明董事会成员正在积极履行职责，也是利好的信息（叶康涛等，2010）。

表6—5 国有企业政治治理影响董事会决策的经济后果

	被解释变量：企业价值			被解释变量：董事会异议			被解释变量：企业价值		
	(1)	(2)	(3)	(4)	(5)	(6)	(7)	(8)	(9)
双向进入	16.622*** (10.796)			1.218** (2.130)			16.086*** (11.835)		
交叉任职		26.949*** (9.476)			1.345* (1.675)			25.872*** (10.218)	
党委书记与董事长由同一人担任			31.987*** (9.606)			2.983** (2.340)			30.657*** (10.525)
董事会异议							1.609*** (39.089)	1.609*** (39.156)	1.608*** (39.086)
企业规模	-0.387*** (-36.544)	-0.387*** (-36.548)	-0.387*** (-36.594)	-0.028* (-1.701)	-0.024 (-1.335)	-0.028** (-2.030)	-0.380*** (-35.638)	-0.380*** (-35.627)	-0.381*** (-35.693)
企业业绩	2.340*** (8.926)	2.321*** (8.846)	2.314*** (8.827)	-0.460 (-1.271)	-0.609 (-1.616)	-0.367 (-1.081)	2.396*** (9.004)	2.375*** (8.919)	2.367*** (8.897)
资产负债率	-0.366*** (-5.427)	-0.371*** (-5.489)	-0.371*** (-5.490)	0.260** (2.208)	0.263** (2.053)	0.205* (1.876)	-0.399*** (-5.811)	-0.403*** (-5.866)	-0.403*** (-5.866)
股权制衡度	0.031 (1.063)	0.031 (1.040)	0.032 (1.068)	0.184*** (2.729)	0.188** (2.545)	0.167** (2.607)	0.011 (0.355)	0.010 (0.321)	0.011 (0.356)
管理层持股比例	-2.523*** (-3.947)	-2.537*** (-3.970)	-2.536*** (-3.968)	-5.242** (-2.513)	-5.278** (-2.365)	-4.355** (-2.202)	-2.079*** (-3.214)	-2.101*** (-3.251)	-2.103*** (-3.253)

6 国有企业政治治理影响董事会决策的经济后果分析

续表

	被解释变量：企业价值			被解释变量：董事会异议			被解释变量：企业价值		
	(1)	(2)	(3)	(4)	(5)	(6)	(7)	(8)	(9)
机构投资者持股比例	0.249*** (5.558)	0.245*** (5.433)	0.246*** (5.445)	-0.034 (-0.369)	-0.028 (-0.276)	-0.078 (-0.964)	0.243*** (5.352)	0.239*** (5.230)	0.241*** (5.250)
董事会规模	0.047 (1.173)	0.050 (1.253)	0.049 (1.217)	0.538*** (5.141)	0.535*** (4.759)	0.465*** (3.572)	-0.023 (-0.538)	-0.018 (-0.433)	-0.020 (-0.464)
董事会独立性	0.626*** (3.723)	0.637*** (3.794)	0.635*** (3.783)	1.392*** (3.362)	1.515*** (3.635)	1.120** (2.172)	0.463*** (2.628)	0.476*** (2.706)	0.474*** (2.697)
董事会会议次数	0.014 (0.672)	0.015 (0.678)	0.013 (0.620)	0.344*** (5.153)	0.380*** (6.432)	0.276** (2.523)	-0.025 (-1.124)	-0.025 (-1.107)	-0.026 (-1.159)
国有企业级别	0.417*** (4.188)	0.797*** (6.061)	1.066*** (7.420)	-0.051 (-1.121)	-0.062 (-1.298)	0.025 (0.393)	0.420*** (4.355)	0.784*** (6.271)	1.040*** (7.768)
常数项	7.961*** (29.723)	8.026*** (28.424)	8.167*** (29.964)	-3.828*** (-7.664)	-4.106*** (-10.268)	-3.131*** (-3.046)	8.152*** (31.549)	8.227*** (30.437)	8.365*** (31.936)
第一阶段	双向进入	交叉任职	党委书记与董事长由同一人担任	双向进入	交叉任职	党委书记与董事长由同一人担任	双向进入	交叉任职	党委书记与董事长由同一人担任
金字塔层级	-0.001*** (-2.928)	-0.001*** (-2.921)	-0.001*** (-2.967)	-0.007** (-2.580)	-0.041** (-2.277)	-0.006*** (-3.257)	-0.001*** (-2.971)	-0.001*** (-2.951)	-0.001*** (-3.038)

· 133 ·

续表

	被解释变量：企业价值			被解释变量：董事会异议			被解释变量：企业价值		
	(1)	(2)	(3)	(4)	(5)	(6)	(7)	(8)	(9)
国有企业级别	-0.013**	-0.022***	-0.027***	-0.011*	-0.167***	-0.023***	-0.013**	-0.022***	-0.027***
	(-2.178)	(-5.057)	(-7.415)	(-1.878)	(-4.365)	(-6.188)	(-2.181)	(-5.068)	(-7.425)
相关系数	-0.986***	-0.991***	-0.992***	-0.452**	-0.609**	-0.663**	-0.984***	-0.989***	-0.990***
	(-391.612)	(-548.075)	(-601.574)	(-2.484)	(-2.354)	(-2.435)	(-370.879)	(-502.587)	(-557.989)
年份	控制	控制	控制	控制	控制	控制	控制	控制	控制
行业	控制	控制	控制	控制	控制	控制	控制	控制	控制
观测值数	13 721	13 721	13 721	13 721	13 721	13 721	13 721	13 721	13 721
沃尔德检验值	2 459.323	2 475.318	2 482.215	164.629	119.208	303.967	2 862.680	2 860.202	2 867.626
概率	0.000	0.000	0.000	0.000	0.000	0.000	0.000	0.000	0.000

注：使用企业和年份的双重聚类稳健标准误，括号内为Z值；***、**、*分别表示1%、5%和10%的显著性水平。

6.3.5 调节效应

为了考察国有企业所处地区的市场化程度、国有上市公司与最终控制人之间的金字塔层级数对国有企业政治治理与企业价值之间关系的影响,将政治治理与市场化指数(market)和金字塔层级(layer)的交乘项加入回归模型,结果见表6-6。研究发现,第一阶段的回归中,金字塔层级(layer)、国有企业级别(hierarchy)的系数可以通过 T 检验;第二阶段的回归中,在市场化指数的影响中,只有交叉任职(crossboard)与市场化指数的交乘项系数显著为正,表明市场化指数正向调节交叉任职与企业价值之间的关系,即相比于市场化程度较低地区的企业,当企业所处地区的市场化程度较高时,国有企业党组织与董事会的交叉任职能够更好地发挥作用,对企业价值产生显著的正向影响,研究假设6-4得到部分支持。在金字塔层级的影响中,国有企业政治治理各变量与金字塔层级的交乘项系数均不显著,研究假设 6-5 未得到支持。

表6-6 市场化指数和金字塔层级的调节效应

被解释变量:企业价值	(1)	(2)	(3)	(4)	(5)	(6)
双向进入	16.679*** (10.811)			16.764*** (10.724)		
双向进入和金字塔层级的交乘项	-0.049 (-0.460)					
交叉任职		26.873*** (9.404)			27.252*** (9.424)	
交叉任职和金字塔层级的交乘项		0.105 (1.356)				
党委书记与董事长由同一人担任			32.050*** (9.714)			32.491*** (9.540)
党委书记与董事长由同一人担任和金字塔层级的交乘项			-0.020 (-0.233)			

续表

被解释变量：企业价值	(1)	(2)	(3)	(4)	(5)	(6)
双向进入和市场化指数的交乘项				0.019 (1.274)		
交叉任职和市场化指数的交乘项					0.033* (1.950)	
党委书记与董事长由同一人担任和市场化指数的交乘项						0.029 (1.449)
金字塔层级	-0.029 (-0.723)	-0.055 (-1.313)	-0.040 (-0.969)			
市场化指数				0.029*** (5.175)	0.029*** (5.204)	0.030*** (5.362)
企业规模	-0.387*** (-36.551)	-0.387*** (-36.564)	-0.387*** (-36.599)	-0.394*** (-36.810)	-0.394*** (-36.810)	-0.395*** (-36.857)
企业业绩	2.343*** (8.935)	2.323*** (8.853)	2.317*** (8.835)	2.307*** (8.791)	2.284*** (8.692)	2.277*** (8.671)
资产负债率	-0.365*** (-5.414)	-0.369*** (-5.471)	-0.370*** (-5.476)	-0.339*** (-5.006)	-0.342*** (-5.056)	-0.343*** (-5.074)
股权制衡度	0.031 (1.049)	0.030 (1.021)	0.031 (1.053)	0.036 (1.244)	0.035 (1.182)	0.036 (1.219)
管理层持股比例	-2.531*** (-3.959)	-2.555*** (-3.996)	-2.546*** (-3.983)	-2.794*** (-4.376)	-2.806*** (-4.396)	-2.810*** (-4.402)
机构投资者持股比例	0.245*** (5.491)	0.242*** (5.371)	0.242*** (5.374)	0.240*** (5.342)	0.236*** (5.209)	0.237*** (5.230)
董事会规模	0.047 (1.180)	0.049 (1.233)	0.049 (1.219)	0.055 (1.375)	0.058 (1.443)	0.056 (1.388)
董事会独立性	0.629*** (3.741)	0.637*** (3.796)	0.638*** (3.800)	0.643*** (3.831)	0.651*** (3.883)	0.649*** (3.870)
董事会会议次数	0.016 (0.726)	0.015 (0.709)	0.014 (0.675)	0.010 (0.482)	0.011 (0.506)	0.010 (0.446)

续表

被解释变量：企业价值	（1）	（2）	（3）	（4）	（5）	（6）
国有企业级别	0.419***	0.798***	1.068***	0.418***	0.806***	1.082***
	（4.198）	（6.056）	（7.446）	（4.122）	（6.007）	（7.355）
常数项	7.984***	8.081***	8.200***	7.847***	7.914***	8.047***
	（29.521）	（28.204）	（29.848）	（29.098）	（27.756）	（29.191）
第一阶段	双向进入	交叉任职	党委书记与董事长由同一人担任	双向进入	交叉任职	党委书记与董事长由同一人担任
金字塔层级	−0.001**	−0.001**	−0.001**	−0.002***	−0.001***	−0.001***
	（−2.470）	（−2.420）	（−2.485）	（−3.280）	（−3.248）	（−3.274）
国有企业级别	−0.013**	−0.022***	−0.027***	−0.013**	−0.022***	−0.027***
	（−2.192）	（−5.069）	（−7.426）	（−2.182）	（−5.060）	（−7.418）
相关系数	−0.986***	−0.991***	−0.992***	−0.986***	−0.991***	−0.992***
	（−392.787）	（−546.793）	（−610.226）	（−406.605）	（−573.097）	（−629.098）
年份	控制	控制	控制	控制	控制	控制
行业	控制	控制	控制	控制	控制	控制
观测值数	13 721	13 721	13 721	13 721	13 721	13 721
沃尔德检验值	2 463.162	2 479.526	2 491.111	2 512.547	2 525.543	2 530.851
概率	0.000	0.000	0.000	0.000	0.000	0.000

注：使用企业和年份的双重聚类稳健标准误，括号内为Z值；***、**、*分别表示1%、5%和10%的显著性水平。

6.4 稳健性检验

6.4.1 替换成政治治理强度的影响

前文的回归模型中考察了国有企业政治治理对企业价值的影响，解释变量分别是党组织和董事会双向进入（*entryd*）、交叉任职（*crossboard*）、党委书记与董事长由同一人担任（*crosschair*），均是0-1变量，本书进一步将解释变量替换成政治治理的强度，考察双向进入比例（*polratio*）、交叉任职的人数（*crossboard*1）、党委书记兼任董事长的人数（*crosschair*1）对企业价值的影响，作为稳健性检验，回归结果见表6-7，主要变量的系数符号和显著性未发生变化，研究假设6-1a、6-1b和6-1c能够得到支持。

表6-7 国有企业政治治理强度对企业价值的影响

被解释变量：企业价值	(1)	(2)	(3)
双向进入比例	1.293*** (10.490)		
交叉任职的人数		24.288*** (9.728)	
党委书记兼任董事长的人数			30.532*** (9.220)
企业规模	-0.388*** (-36.620)	-0.387*** (-36.529)	-0.387*** (-36.590)
企业业绩	2.322*** (8.867)	2.305*** (8.792)	2.306*** (8.801)
资产负债率	-0.373*** (-5.527)	-0.375*** (-5.549)	-0.372*** (-5.501)
股权制衡度	0.032 (1.098)	0.031 (1.044)	0.031 (1.064)
管理层持股比例	-2.499*** (-3.900)	-2.537*** (-3.968)	-2.520*** (-3.945)
机构投资者持股比例	0.248*** (5.521)	0.254*** (5.627)	0.250*** (5.535)
董事会规模	0.057 (1.419)	0.047 (1.183)	0.047 (1.171)
董事会独立性	0.611*** (3.634)	0.628*** (3.739)	0.636*** (3.793)

续表

被解释变量：企业价值	（1）	（2）	（3）
董事会会议次数	0.011 （0.496）	0.015 （0.682）	0.014 （0.642）
国有企业级别	0.694*** （5.878）	0.927*** （6.058）	1.111*** （7.355）
常数项	7.792*** （27.129）	7.866*** （26.730）	8.133*** （28.783）
第一阶段	双向进入比例	交叉任职的人数	党委书记兼任董事长的人数
金字塔层级	-0.020*** （-2.914）	-0.001*** （-2.936）	-0.001*** （-2.979）
国有企业级别	-0.377*** （-4.436）	-0.030*** （-5.399）	-0.030*** （-7.580）
相关系数	-0.990*** （-563.635）	-0.993*** （-760.945）	-0.992*** （-624.192）
年份	控制	控制	控制
行业	控制	控制	控制
观测值数	13 721	13 721	13 721
沃尔德检验值	2 489.620	2 480.893	2 482.521
概率	0.000	0.000	0.000

注：使用企业和年份的双重聚类稳健标准误，括号内为Z值；***、**、*分别表示1%、5%和10%的显著性水平。

表6-8为检验董事会异议在国有企业政治治理强度与企业价值之间的中介效应的结果，国有企业政治治理强度的各变量（双向进入程度、交叉任职人数、党委书记与董事长两职合一的人数）对企业价值均有正向影响，而且系数在1%的水平上能够通过显著性检验；国有企业政治治理强度对董事会异议也有显著的正向影响；而且在企业价值模型中加入董事会异议后，政治治理的各变量系数变小，说明国有企业政治治理强度通过影响董事会异议，进而影响企业价值，研究假设6-2和研究假设6-3可以通过稳健性检验。

表 6-8　国有企业政治治理强度影响董事会决策的经济后果

	被解释变量：企业价值			被解释变量：董事会异议			被解释变量：企业价值		
	(1)	(2)	(3)	(4)	(5)	(6)	(7)	(8)	(9)
双向进入比例	1.293*** (10.490)			0.121*** (3.977)			1.253*** (11.250)		
交叉任职的人数		24.288*** (9.728)			1.877** (2.458)			24.183*** (7.767)	
党委书记兼任董事长的人数			30.532*** (9.220)			3.117** (2.462)			29.290*** (9.342)
董事会异议							1.608*** (39.029)	-0.347 (-0.037)	1.608*** (39.083)
企业规模	-0.388*** (-36.620)	-0.387*** (-36.529)	-0.387*** (-36.590)	-0.031** (-2.233)	-0.027* (-1.889)	-0.028** (-2.233)	-0.381*** (-35.739)	-0.387*** (-22.514)	-0.381*** (-35.689)
企业业绩	2.322*** (8.867)	2.305*** (8.792)	2.306*** (8.801)	-0.386 (-1.239)	-0.430 (-1.300)	-0.332 (-0.992)	2.377*** (8.942)	2.290*** (4.792)	2.360*** (8.873)
资产负债率	-0.373*** (-5.527)	-0.375*** (-5.549)	-0.372*** (-5.501)	0.188* (1.836)	0.183 (1.634)	0.183* (1.701)	-0.405*** (-5.905)	-0.370*** (-2.146)	-0.403*** (-5.876)
股权制衡度	0.032 (1.098)	0.031 (1.044)	0.031 (1.064)	0.178*** (3.052)	0.173*** (2.768)	0.152** (2.183)	0.012 (0.394)	0.035 (0.279)	0.011 (0.353)
管理层持股比例	-2.499*** (-3.900)	-2.537*** (-3.968)	-2.520*** (-3.945)	-4.690** (-2.576)	-4.503** (-2.318)	-3.885* (-1.816)	-2.060*** (-3.177)	-2.609 (-1.262)	-2.088*** (-3.231)

续表

	被解释变量：企业价值			被解释变量：董事会异议			被解释变量：企业价值		
	(1)	(2)	(3)	(4)	(5)	(6)	(7)	(8)	(9)
机构投资者持股比例	0.248***	0.254***	0.250***	−0.033	−0.044	−0.073	0.242***	0.254***	0.245***
	(5.521)	(5.627)	(5.535)	(−0.424)	(−0.549)	(−1.044)	(5.315)	(5.594)	(5.337)
董事会规模	0.057	0.047	0.047	0.479***	0.471***	0.416**	−0.011	0.060	−0.021
	(1.419)	(1.183)	(1.171)	(4.841)	(4.015)	(2.423)	(−0.250)	(0.171)	(−0.506)
董事会独立性	0.611***	0.628***	0.636***	1.074***	1.113**	0.965	0.448**	0.667	0.475***
	(3.634)	(3.739)	(3.793)	(2.750)	(2.351)	(1.553)	(2.547)	(0.636)	(2.706)
董事会会议次数	0.011	0.015	0.014	0.282***	0.294***	0.241*	−0.029	0.024	−0.025
	(0.496)	(0.682)	(0.642)	(4.010)	(3.185)	(1.698)	(−1.289)	(0.097)	(−1.138)
国有企业级别	0.694***	0.927***	1.111***	−0.009	−0.002	0.045	0.688***	0.923***	1.084***
	(5.878)	(6.058)	(7.355)	(−0.217)	(−0.044)	(0.626)	(6.072)	(6.601)	(7.505)
常数项	7.792***	7.866***	8.133***	−3.148***	−3.246***	−2.727**	7.980***	7.830***	8.330***
	(27.129)	(26.730)	(28.783)	(−5.351)	(−3.843)	(−1.960)	(28.676)	(5.370)	(29.807)
第一阶段	双向进入比例	交叉任职的人数	党委书记兼任董事长的人数	双向进入比例	交叉任职的人数	党委书记兼任董事长的人数	双向进入比例	交叉任职的人数	党委书记兼任董事长的人数
金字塔层级	−0.020***	−0.001***	−0.001***	−0.145***	−0.009***	−0.007***	−0.019***	−0.001***	−0.001***
	(−2.914)	(−2.936)	(−2.979)	(−3.676)	(−3.501)	(−3.516)	(−2.973)	(−2.837)	(−3.030)

· 141 ·

续表

	被解释变量：企业价值			被解释变量：董事会异议			被解释变量：企业价值		
	(1)	(2)	(3)	(4)	(5)	(6)	(7)	(8)	(9)
国有企业级别	-0.377***	-0.030***	-0.030***	-0.312***	-0.024***	-0.025***	-0.378***	-0.030***	-0.030***
	(-4.436)	(-5.399)	(-7.580)	(-3.602)	(-4.167)	(-6.299)	(-4.436)	(-5.405)	(-7.590)
相关系数	-0.990***	-0.993***	-0.992***	-0.659***	-0.633***	-0.755***	-0.989***	-0.993***	-0.991***
	(-563.635)	(-760.945)	(-624.192)	(-4.486)	(-2.628)	(-2.569)	(-521.699)	(-8360.834)	(-532.040)
年份	控制	控制	控制	控制	控制	控制	控制	控制	控制
行业	控制	控制	控制	控制	控制	控制	控制	控制	控制
观测值数	13 721	13 721	13 721	13 721	13 721	13 721	13 721	13 721	13 721
沃尔德检验值	2 489.620	2 480.893	2 482.521	278.155	260.829	455.044	2 878.733	2 797.340	2 864.587
概率	0.000	0.000	0.000	0.000	0.000	0.000	0.000	0.000	0.000

注：使用企业和年份的双重聚类稳健标准误，括号内为Z值；***、**、*分别表示1%、5%和10%的显著性水平。

6 国有企业政治治理影响董事会决策的经济后果分析

为了检验国有企业所处地区的市场化程度、国有上市公司与最终控制人之间的金字塔层级数对国有企业政治治理强度的各变量与企业价值之间关系的调节效应,将双向进入比例(polratio)、交叉任职的人数(crossboard1)、党委书记兼任董事长的人数(crosschair1)与市场化指数(market)和金字塔层级(layer)的交乘项分别加入回归模型,结果见表6-9。研究发现,第一阶段的回归中,金字塔层级(layer)、国有企业级别(hierarchy)的系数可以通过T检验;第二阶段的回归中,国有上市公司所处地区的市场化指数能够正向调节双向进入的比例与企业价值之间的正向关系,即相比于市场化程度较低地区的企业,当企业所处地区的市场化程度较高时,国有企业党组织与董事会成员的双向进入能够更好地发挥作用,对企业价值产生显著的正向影响。金字塔层级正向调节国有企业党组织与董事会成员的交叉任职与企业价值之间的正向关系。

表6-9 市场化指数和金字塔层级的调节效应
(替换成政治治理强度的影响)

被解释变量:企业价值	(1)	(2)	(3)	(4)	(5)	(6)
双向进入比例	1.292*** (10.371)			1.302*** (10.415)		
双向进入比例和金字塔层级的交乘项	0.002 (0.292)					
交叉任职的人数		24.240*** (9.926)			24.658*** (9.763)	
交叉任职的人数和金字塔层级的交乘项		0.103* (1.831)				
党委书记兼任董事长的人数			30.594*** (9.195)			30.934*** (9.242)
党委书记兼任董事长的人数和金字塔层级的交乘项			0.004 (0.052)			
市场化指数和双向进入比例的交乘项				0.002* (1.774)		

续表

被解释变量：企业价值	(1)	(2)	(3)	(4)	(5)	(6)
市场化指数和交叉任职的人数的交乘项					0.012 (1.099)	
市场化指数和党委书记兼任董事长的人数的交乘项						0.025 (1.412)
金字塔层级	−0.034 (−0.873)	−0.054 (−1.313)	−0.042 (−1.032)			
市场化指数				0.028*** (4.976)	0.030*** (5.474)	0.030*** (5.437)
企业规模	−0.388*** (−36.629)	−0.387*** (−36.552)	−0.387*** (−36.600)	−0.395*** (−36.885)	−0.394*** (−36.774)	−0.395*** (−36.858)
企业业绩	2.324*** (8.868)	2.307*** (8.798)	2.309*** (8.809)	2.292*** (8.755)	2.270*** (8.643)	2.269*** (8.645)
资产负债率	−0.373*** (−5.517)	−0.374*** (−5.532)	−0.371*** (−5.487)	−0.346*** (−5.106)	−0.348*** (−5.136)	−0.344*** (−5.083)
股权制衡度	0.032 (1.080)	0.030 (1.030)	0.031 (1.047)	0.038 (1.291)	0.035 (1.182)	0.036 (1.213)
管理层持股比例	−2.510*** (−3.915)	−2.555*** (−3.993)	−2.533*** (−3.962)	−2.766*** (−4.318)	−2.815*** (−4.408)	−2.795*** (−4.379)
机构投资者持股比例	0.246*** (5.500)	0.250*** (5.568)	0.246*** (5.467)	0.239*** (5.303)	0.245*** (5.406)	0.241*** (5.312)
董事会规模	0.056 (1.412)	0.046 (1.158)	0.047 (1.169)	0.065 (1.612)	0.054 (1.358)	0.054 (1.342)
董事会独立性	0.613*** (3.646)	0.628*** (3.745)	0.639*** (3.809)	0.621*** (3.697)	0.642*** (3.828)	0.651*** (3.885)
董事会会议次数	0.011 (0.532)	0.015 (0.703)	0.015 (0.694)	0.007 (0.329)	0.011 (0.497)	0.010 (0.466)
国有企业级别	0.695*** (5.874)	0.929*** (6.091)	1.113*** (7.344)	0.700*** (5.817)	0.937*** (6.013)	1.125*** (7.327)

续表

被解释变量：企业价值	（1）	（2）	（3）	（4）	（5）	（6）
常数项	7.823***	7.918***	8.167***	7.682***	7.746***	8.017***
	(26.891)	(26.982)	(28.584)	(26.514)	(26.129)	(28.206)
第一阶段	双向进入比例	交叉任职的人数	党委书记兼任董事长的人数	双向进入比例	交叉任职的人数	党委书记兼任董事长的人数
金字塔层级	-0.018**	-0.001**	-0.001**	-0.022***	-0.001***	-0.001***
	(-2.507)	(-2.458)	(-2.496)	(-3.222)	(-3.259)	(-3.284)
国有企业级别	-0.378***	-0.030***	-0.030***	-0.378***	-0.030***	-0.030***
	(-4.445)	(-5.407)	(-7.590)	(-4.440)	(-5.404)	(-7.585)
相关系数	-0.990***	-0.993***	-0.992***	-0.991***	-0.994***	-0.993***
	(-560.267)	(-784.746)	(-625.101)	(-584.308)	(-797.139)	(-655.603)
年份	控制	控制	控制	控制	控制	控制
行业	控制	控制	控制	控制	控制	控制
观测值数	13 721	13 721	13 721	13 721	13 721	13 721
沃尔德检验值	2 491.188	2 486.864	2 487.685	2 545.372	2 531.913	2 532.815
概率	0.000	0.000	0.000	0.000	0.000	0.000

注：使用企业和年份的双重聚类稳健标准误，括号内为Z值；***、**、*分别表示1%、5%和10%的显著性水平。

6.4.2 替换成董事会多样性的影响

国有企业党组织成员进入董事会参与决策，考克斯和布莱克（Cox and Blake, 1991）认为，政治型董事的加入丰富了董事会的团队多样性，对于改进问题的解决方案和科学决策都具有重要意义。本书采用赫芬达尔指数法（Herfindahl Index）测度董事会多样性，即 $HHI = 1 - (\sum_{i=1}^{n} P_i^2)$，其中，$P_i$ 为董事会中第 i 类成员的占比（$i=1$ 代表政治型董事，$i=2$ 代表经济型董事），n 为类别数，HHI 为大于0小于1的数值，HHI 越大代表董事会多样性程度越高。以董事会多样性作为国有企业政治治理的替代变量，检验其对企业价值的影响。表6-10中第一列的回归结果表明，董事会多样性程度对企业价值的影响显著为正，研究假设6-1能够得到支持。

表6-10为检验董事会异议在国有企业董事会多样性与企业价值之间的中介效应的结果，第一阶段的回归中，金字塔层级（layer）、国有企业级别（hierarchy）的系数可以通过T检验；第二阶段的回归中，国有企业董事会多样性对企业价值有显著的正向影响，对董事会异议也有显著的正向影响，而且在企业价值模型中加入董事会异议后，董事会多样性的系数变小，说明国有企业董事会多样性通过影响董事会异议，进而影响企业价值，研究假设6-2和研究假设6-3可以通过稳健性检验。

表6-10 国有企业董事会多样性影响董事会决策的经济后果

变量	企业价值 (1)	董事会异议 (2)	企业价值 (3)
国有企业董事会多样性	77.634*** (10.528)	7.067*** (3.442)	75.233*** (11.982)
董事会异议			1.608*** (39.028)
企业规模	-0.387*** (-36.601)	-0.030** (-2.058)	-0.381*** (-35.715)
企业业绩	2.330*** (8.899)	-0.401 (-1.219)	2.386*** (8.975)
资产负债率	-0.372*** (-5.501)	0.217** (2.010)	-0.404*** (-5.880)
股权制衡度	0.032 (1.099)	0.179*** (2.937)	0.012 (0.396)
管理层持股比例	-2.504*** (-3.910)	-4.912** (-2.573)	-2.064*** (-3.185)
机构投资者持股比例	0.248*** (5.521)	-0.036 (-0.437)	0.242*** (5.314)
董事会规模	0.055 (1.366)	0.500*** (5.038)	-0.013 (-0.311)

续表

变量	企业价值 (1)	董事会异议 (2)	企业价值 (3)
董事会独立性	0.614***	1.191***	0.451**
	(3.651)	(2.994)	(2.562)
董事会会议次数	0.012	0.304***	-0.028
	(0.555)	(4.451)	(-1.232)
国有企业级别	0.591***	-0.024	0.588***
	(5.342)	(-0.543)	(5.541)
常数项	7.835***	-3.394***	8.024***
	(27.675)	(-6.188)	(29.982)
第一阶段	国有企业董事会多样性	国有企业董事会多样性	国有企业董事会多样性
金字塔层级	-0.000***	-0.002***	-0.000***
	(-2.930)	(-3.306)	(-3.001)
国有企业级别	-0.005***	-0.004***	-0.005***
	(-3.702)	(-3.015)	(-3.703)
相关系数	-0.989***	-0.597***	-0.987***
	(-470.684)	(-3.891)	(-463.999)
年份	控制	控制	控制
行业	控制	控制	控制
观测值数	13 721	13 721	13 721
沃尔德检验值	2 478.680	232.756	2 872.126
概率	0.000	0.000	0.000

注：使用企业和年份的双重聚类稳健标准误，括号内为 Z 值；***、**、*分别表示1%、5%和10%的显著性水平。

为了检验国有企业所处地区的市场化程度对国有企业董事会多样性与企业价值之间关系的调节效应，将董事会多样性（HHI）与市场化指数（market）的交乘项加入回归模型，根据表 6-11 中模型（2）的结果，董事会多样性与市场化指数的交乘项系数为正，在10%的水平上显著；为了检验国有上市公司与最终控制人之间的金字塔层级数对国有企业董事会多样性与企业价值之间关系的调节效应,将董事会多样性(HHI)与金字塔层级(layer)的交乘项加入回归模型,根据表 6-11 中模型(1)的结果,董事会多样性与金字塔层级的交乘项系数不显著。

表 6-11　市场化指数和金字塔层级的调节效应

(替换成董事会多样性的影响)

被解释变量:企业价值	(1)	(2)
国有企业董事会多样性	77.854***	78.113***
	(10.476)	(10.439)
国有企业董事会多样性和金字塔层级的交乘项	-0.145	
	(-0.350)	
市场化指数和国有企业董事会多样性的交乘项		0.131*
		(1.836)
金字塔层级	-0.026	
	(-0.659)	
市场化指数		0.027***
		(4.878)
企业规模	-0.387***	-0.395***
	(-36.602)	(-36.865)
企业业绩	2.333***	2.301***
	(8.904)	(8.786)
资产负债率	-0.371***	-0.344***
	(-5.490)	(-5.078)
股权制衡度	0.032	0.038
	(1.089)	(1.309)
管理层持股比例	-2.513***	-2.769***
	(-3.922)	(-4.326)
机构投资者持股比例	0.244***	0.239***
	(5.469)	(5.298)
董事会规模	0.055	0.063
	(1.374)	(1.566)

续表

被解释变量：企业价值	(1)	(2)
董事会独立性	0.616***	0.626***
	(3.665)	(3.725)
董事会会议次数	0.013	0.008
	(0.602)	(0.389)
国有企业级别	0.592***	0.595***
	(5.344)	(5.279)
常数项	7.855***	7.727***
	(27.413)	(27.051)
第一阶段	国有企业董事会多样性	国有企业董事会多样性
金字塔层级	-0.000**	-0.000***
	(-2.517)	(-3.255)
国有企业级别	-0.005***	-0.005***
	(-3.712)	(-3.705)
相关系数	-0.989***	-0.989***
	(-469.645)	(-489.542)
年份	控制	控制
行业	控制	控制
观测值数	13 721	13 721
沃尔德检验值	2 480.421	2 533.185
概率	0.000	0.000

注：使用企业和年份的双重聚类稳健标准误，括号内为Z值；***、**、*分别表示1%、5%和10%的显著性水平。

6.5 进一步分组检验

进一步对比分析国有企业政治治理对企业价值的影响在中央企业和地方国有企业之间的差异，结果见表6-12。发现在地方国有企业和中央国有企业中,政治治理对企业价值有显著的正向影响,而且在地方国有企业的影响更大。

表 6-12 国有企业政治治理对企业价值的影响(分地方国企和中央国企)

被解释变量 企业价值	地方国企			中央国企		
	(1)	(2)	(3)	(4)	(5)	(6)
双向进入	18.786*** (7.771)			14.576*** (7.518)		
交叉任职		30.223*** (7.436)			24.613*** (6.662)	
党委书记与董事长由同一人担任			34.215*** (7.495)			31.911*** (7.085)
企业规模	-0.411*** (-27.285)	-0.411*** (-27.272)	-0.411*** (-27.301)	-0.367*** (-25.382)	-0.367*** (-25.432)	-0.367*** (-25.426)
企业业绩	2.672*** (7.527)	2.637*** (7.417)	2.632*** (7.409)	1.851*** (5.394)	1.857*** (5.407)	1.858*** (5.405)
资产负债率	-0.283*** (-3.269)	-0.289*** (-3.323)	-0.289*** (-3.328)	-0.561*** (-5.311)	-0.575*** (-5.426)	-0.572*** (-5.396)
股权制衡度	0.004 (0.107)	0.006 (0.162)	0.006 (0.176)	0.024 (0.453)	0.022 (0.421)	0.022 (0.420)
管理层持股比例	-1.897** (-2.336)	-1.913** (-2.358)	-1.898** (-2.340)	-4.126*** (-3.890)	-4.162*** (-3.911)	-4.201*** (-3.943)
机构投资者持股比例	0.247*** (4.420)	0.250*** (4.443)	0.251*** (4.451)	0.324*** (4.338)	0.302*** (4.034)	0.298*** (3.966)
董事会规模	0.008 (0.172)	0.017 (0.356)	0.017 (0.355)	0.168** (2.366)	0.162** (2.276)	0.155** (2.183)
董事会独立性	0.355 (1.643)	0.373* (1.728)	0.372* (1.723)	0.905*** (3.322)	0.939*** (3.454)	0.938*** (3.457)
董事会会议次数	0.044* (1.730)	0.045* (1.771)	0.043* (1.719)	-0.030 (-0.750)	-0.029 (-0.712)	-0.029 (-0.730)
常数项	8.315*** (20.942)	8.377*** (20.952)	8.626*** (22.626)	7.983*** (23.363)	8.356*** (25.138)	8.646*** (27.958)

续表

被解释变量 企业价值	地方国企			中央国企		
	(1)	(2)	(3)	(4)	(5)	(6)
第一阶段	双向进入	交叉任职	党委书记与董事长由同一人担任	双向进入	交叉任职	党委书记与董事长由同一人担任
金字塔层级	-0.001 (-1.018)	-0.000 (-0.957)	-0.000 (-0.999)	-0.003*** (-2.840)	-0.002*** (-2.932)	-0.001*** (-2.967)
国有企业级别	0.000 (.)	0.000 (.)	0.000 (.)	0.000 (.)	0.000 (.)	0.000 (.)
相关系数	-0.989*** (-366.897)	-0.993*** (-588.956)	-0.994*** (-614.826)	-0.982*** (-211.301)	-0.987*** (-280.012)	-0.988*** (-342.152)
年份	控制	控制	控制	控制	控制	控制
行业	控制	控制	控制	控制	控制	控制
观测值数	9 277	9 277	9 277	4 444	4 444	4 444
卡方检验值	1 391.197	1 395.358	1 400.610	1 159.310	1 170.493	1 167.068
概率	0.000	0.000	0.000	0.000	0.000	0.000

注：使用企业和年份的双重聚类稳健标准误，括号内为Z值；***、**、*分别表示1%、5%和10%的显著性水平。

进一步对比分析国有企业政治治理对企业价值的影响在高市场化指数和低市场化指数的国有企业之间的差异，结果见表6-13。发现在高市场化指数的国有企业和低市场化指数的国有企业中，政治治理对企业价值都有显著的正向影响，而且在低市场化指数的国有企业中影响更大。

表6-13 国有企业政治治理对企业价值的影响（分高市场化指数和低市场化指数）

被解释变量 企业价值	高市场化指数			低市场化指数		
	(1)	(2)	(3)	(4)	(5)	(6)
双向进入	15.118*** (7.787)			18.594*** (7.350)		
交叉任职		22.365*** (7.380)			34.893*** (7.238)	

续表

被解释变量 企业价值	高市场化指数			低市场化指数		
	(1)	(2)	(3)	(4)	(5)	(6)
党委书记与董事长由同一人担任			26.575*** (7.351)			41.279*** (7.604)
企业规模	−0.342*** (−24.190)	−0.344*** (−24.310)	−0.345*** (−24.319)	−0.448*** (−27.228)	−0.447*** (−27.157)	−0.447*** (−27.190)
企业业绩	1.794*** (4.124)	1.784*** (4.098)	1.771*** (4.070)	2.801*** (8.745)	2.771*** (8.652)	2.767*** (8.649)
资产负债率	−0.386*** (−4.050)	−0.400*** (−4.185)	−0.402*** (−4.209)	−0.279*** (−2.935)	−0.277*** (−2.908)	−0.273*** (−2.873)
股权制衡度	−0.018 (−0.437)	−0.022 (−0.539)	−0.022 (−0.538)	0.063 (1.470)	0.066 (1.538)	0.068 (1.579)
管理层持股比例	−1.556** (−2.065)	−1.598** (−2.121)	−1.602** (−2.123)	−5.675*** (−4.659)	−5.672*** (−4.658)	−5.661*** (−4.653)
机构投资者持股比例	0.101* (1.657)	0.087 (1.411)	0.089 (1.447)	0.409*** (6.045)	0.412*** (6.047)	0.413*** (6.060)
董事会规模	0.021 (0.354)	0.022 (0.371)	0.018 (0.316)	0.065 (1.191)	0.071 (1.300)	0.069 (1.266)
董事会独立性	0.220 (0.966)	0.230 (1.015)	0.231 (1.019)	0.793*** (3.317)	0.801*** (3.352)	0.798*** (3.341)
董事会会议次数	0.010 (0.351)	0.010 (0.347)	0.008 (0.301)	−0.001 (−0.032)	0.001 (0.022)	0.000 (0.013)
国有企业级别	0.486*** (3.757)	0.663*** (4.573)	1.156*** (6.481)	0.319** (2.021)	0.978*** (3.939)	0.909*** (3.788)
常数项	7.391*** (21.409)	7.836*** (23.472)	7.741*** (22.486)	8.995*** (20.648)	8.457*** (17.765)	8.950*** (21.140)
第一阶段	双向进入	交叉任职	党委书记与董事长由同一人担任	双向进入	交叉任职	党委书记与董事长由同一人担任

续表

被解释变量 企业价值	高市场化指数			低市场化指数		
	(1)	(2)	(3)	(4)	(5)	(6)
金字塔层级	-0.003*** (-3.985)	-0.002*** (-3.955)	-0.002*** (-3.956)	-0.001 (-1.037)	-0.000 (-0.935)	-0.000 (-0.906)
国有企业级别	-0.021** (-2.556)	-0.022*** (-3.706)	-0.037*** (-7.313)	-0.005 (-0.571)	-0.021*** (-3.367)	-0.016*** (-3.115)
相关系数	-0.984*** (-242.680)	-0.987*** (-286.730)	-0.988*** (-332.671)	-0.989*** (-329.901)	-0.995*** (-748.096)	-0.995*** (-789.929)
年份	控制	控制	控制	控制	控制	控制
行业	控制	控制	控制	控制	控制	控制
观测值数	6 908	6 908	6 908	6 813	6 813	6 813
卡方检验值	1 197.355	1 236.435	1 240.276	1 336.542	1 324.308	1 325.098
概率	0.000	0.000	0.000	0.000	0.000	0.000

注：使用企业和年份的双重聚类稳健标准误，括号内为 Z 值；***、**、* 分别表示1%、5%和10%的显著性水平。

6.6 本章小结

基于我国2005—2017年沪深两市 A 股国有非金融上市公司董事会决议公告的文本资料，通过董事会成员在历次董事会会议中的投票情况（同意、反对、弃权），在企业层面上考察国有企业政治治理影响董事会决策的经济后果，即检验国有企业政治治理通过影响董事会决策进而影响企业价值的路径，以及地区市场化程度和金字塔层级的调节效应。研究发现：第一，国有企业党组织和董事会成员"双向进入、交叉任职"对企业价值有显著的正向影响，而且在党委书记与董事长由同一人担任的情况下，企业价值更高；第二，国有企业政治治理影响企业价值是通过影响董事会投票过程发挥作用的，即在党组织成员以"双向进入、交叉任职"的方式参与决策时，改善了公司治理环境，董事会异议的可能性更高，董事能够较好地履行职能，从而提升决策的科学性，提高企业价值；第三，国有企业所处地区的市场化水平正向调节政治治理与企业价值之间的关系，相比于市场化程度较低地区的企业，当企业所处地区的市场化程度较高时，国有企业党组织能够更好地发挥作用，对企业价值产生显著的正向影响。进一步对比分析了国有企业政治治理对企业价值的影响在中央企业和地方国有企业之间的差异，发现在地方国有企业和中央国有企业中，政治治理对企业价值都有显著的正向影响，对地方国有企业的影响更大。而且，政治治理对企业价值的影响，在低市场化指数的国有企业中影响更大。

7 研究结论、政策建议与未来展望

7.1 研究结论

我国国有企业改革是在党的领导下逐步推进的,在发展过程中,政治治理从萌芽阶段逐渐制度化和体制化,对推进国有企业改革和发展发挥了至关重要的作用。本书在对国有企业政治治理、董事会决策相关理论和文献进行归纳总结的基础上,首先,基于利益相关者理论、高阶理论、信号理论和制度逻辑理论,在理论层面上探讨了国有企业内部多元制度逻辑的有机整合路径,构建了一个国有企业政治治理与经济治理、行政治理的耦合治理框架;其次,基于2005—2017年我国沪深两市A股国有上市公司历次董事会决议资料,分别从董事层面和企业层面建立计量模型,采用面板数据Logit模型、处理效应模型、扩展回归模型等实证检验了国有企业政治治理对董事会决策过程的影响;最后,分析了国有企业政治治理通过影响董事会异议,进而影响企业价值的作用路径。研究发现,国有企业党组织通过"双向进入、交叉任职"和"讨论前置"的方式影响董事会决策过程发挥作用,拓展了马连福等(2013)、陈仕华和卢昌崇(2014)、熊婷等(2015)关注党组织对企业层面公司治理结果的局限性。第4章、第5章、第6章的实证检验结果见表7-1。

表 7-1 国有企业政治治理对董事会决策的影响：实证检验结果汇总

	研究假设	实证检验结果
第4章	假设 4-1：相比于经济型董事，政治型董事更不倾向于对董事会决议发表异议	支持
	假设 4-2：讨论前置制度实施后，政治型董事更倾向于对董事会决议发表异议	支持
	假设 4-3：相比于没有政府工作背景的董事，有政府工作背景的董事更不倾向于对董事会决议发表异议	支持
	假设 4-4：若董事未临近退休，基于晋升动机的考虑会更倾向于对董事会决议发表异议	支持
	假设 4-5：相比于没有财务或金融专业背景的董事，有财务或金融专业背景的董事更倾向于对董事会决议发表异议	支持
	假设 4-6：相比于没有实务背景的董事，有实务背景的董事更倾向于对董事会决议发表异议	支持
	假设 4-7：相比于关联交易、审计事项、年度报告等常规议案，董事更倾向于对高层管理者人事变动、募集资金、重大投资事项等重要事项的议案发表异议	支持
第5章	假设 5-1：国有企业党组织与董事会"双向进入"对董事会异议有显著的正向影响	不支持
	假设 5-2：国有企业党组织与董事会"交叉任职"对董事会异议有显著的正向影响	支持
	假设 5-3：国有企业党委书记与董事长由同一人担任对董事会异议有显著的正向影响	支持
	假设 5-4：与"讨论前置"实施前相比，"讨论前置"实施后企业更不可能出现董事会异议	支持
	假设 5-5：企业业绩负向调节国有企业政治治理与董事会异议之间的正向相关关系	部分支持
	假设 5-6：金字塔层级正向调节国有企业政治治理与董事会异议之间的正向相关关系	支持

7 研究结论、政策建议与未来展望

续表

	研究假设	实证检验结果
第6章	假设6-1：国有企业政治治理对企业价值有显著的正后影响	
	假设6-1a：国有企业党组织与董事会的"双向进入"能够显著提升企业价值	支持
	假设6-1b：国有企业党组织与董事会的"交叉任职"能够显著提升企业价值	支持
	假设6-1c：国有企业党委书记与董事长由同一人担任能够显著提升企业价值	支持
	假设6-2：国有企业董事会异议对企业价值有显著的正向影响	支持
	假设6-3：国有企业政治治理对董事会异议有显著的正向影响，并以此路径对企业价值产生显著的正向影响	支持
	假设6-4：市场化水平正向调节国有企业政治治理与企业价值之间的关系	部分支持
	假设6-5：金字塔层级正向调节国有企业政治治理与企业价值之间的关系	不支持

具体而言，本书的主要研究结论如下：

第一，党组织遵循政治逻辑进行决策，董事会遵循经济逻辑进行决策，新时期深化国有企业改革过程中强化政治治理，实行党组织和董事会、监事会、经理层"双向进入、交叉任职"以及重大决策事项"讨论前置"制度，能够进一步确立党组织在国有企业内部的领导核心和政治核心地位。本书构建的国有企业政治治理与行政治理、经济治理的耦合治理框架，能够实现国有企业内部多元制度逻辑的有机整合，拓展了国有企业政治治理的相关理论研究，有助于理顺国有企业党组织与董事会、监事会、经理层之间的关系，以及与来自上级政府部门行政干预之间的关系。

第二，董事层面的实证研究结果表明，由于国有企业治理实践中存在党建工作弱化、淡化、虚化和边缘化等现实问题，党组织对董事会决策的参与程度有限，一定程度上限制了国有企业政治治理发挥作用，在讨论前置实施前，相比于经济型董事，政治型董事更不倾向于发表异议，在讨论前置实施后，党和国家加强对国有企业的政治治理，将党建工作纳入公司章程，明确党组织的领导核心和政治核心地位，极大地提升了政治型董事的地位和积极性，从而更倾向于发表异议。董事层面的实证研究还发现，若政治型董事具有财务金融专业背景或国有企业实际工作背景，能够更好地在董事会决策过程中发挥作用，但具有政府部门工作背景的董事更不倾向于发表异议。此外，政治型董事的异议倾向在不同议案类型中也是有差异的，基于政治逻辑和政治责任的考虑，倾向于对大规模投资、重大资产变动等可能造成国有资产流失的事项投反对票。

第三，企业层面的实证研究结果表明，国有企业党组织由于具有政治属性，可以超越一般公司治理主体追求短期利益或单一主体利益的局限性，从而成为董事会内部各方利益与关系的重要平衡力量，因此国有企业党组织与董事会"交叉任职"，尤其是在党委书记与董事长由同一人担任的情况下，能够为党组织真正发挥作用提供职务保障，便于实现政治职能与经济职能的有机融合，更大程度上发挥国有企业政治治理的优势，更可能出现董事会异议，而且这种影响受到企业业绩的负向调节和金字塔层级的正向调节；但在讨论前置实施后，党委会在经济决策之前进行政治把关，通过行使否决权阻止了一部分政治上存在问题的议案进入董事会决策流程，提高了决策效率，因而在董事会决策过程中异议减少，符合强舸（2018）对"讨论前置"制度目标的阐释，利用党组织和董事会的不同决策规则，达成政治与经济目标的有机统一。进一步对比分析发现，国有企业党组织与董事会的交叉任职在地方国有企业中对董事会异议有显著的正向影响，但是在中央国有企业中的影响不显著，而且国有企业党组织与董事会的交叉任职在高市场化指数的国有企业中对董事会异议有显著的正向影响，但是在低市场化指数的国有企业中影响不显著。

第四，国有企业党组织参与公司治理，在党管干部原则下发挥监督管理者和制衡内部人控制的作用，而且可以将政治目标和社会目标内化到企业的经济目标中，影响董事会决策思维和决策过程，从而提升决策的科学性和公司治理效果，最终提升企业价值。本书的实证研究结果支持了国有企业政治治理对企业价值的正向影响，以及董事会异议的部分中介作用，即证明了国有企业政治治理通过影响董事会决策过程，进而影响企业价值发挥作用的机制。研究还发现，国有企业所在地区的市场化程度会影响政治治理发挥作用，较高的市场化水平意味着产权保护制度更为完善、契约执行程度更高，党组织能够更好地发挥作用。进一步对比分析发现，在地方国有企业样本中政治治理对企业价值的影响更大。

在理论启示方面，根据党的十九大报告和二十大报告对新时期深化国有企业改革的战略部署，要将坚持党对国有企业的领导和建立现代企业制度作为一以贯之的原则，本书的研究结论有助于完善中国特色现代国有企业党组织治理理论，即通过实施国有企业党组织与董事会的"双向进入、交叉任职"和重大决策事项"讨论前置"制度，将党组织"把方向、管大局、保落实"的领导核心和政治核心作用落实到企业决策过程中，对改善国有企业公司治理水平、提升企业绩效发挥积极的作用，为正确认识国有企业党组织治理的重要作用提供有益证据，从而减少理论和实务界对国有企业党组织参与公司治理的争议。本书还在一定程度上验证了彭等（Peng et al., 2016）所提出的命题："由于国有企业有兴趣提高资源和能力的价值、稀缺性和不可替代性，它们很可能发展和利用基于非市场的政治关系"，国有企业党组织能够有效结合市场、非市场资源和能力，从而有助于帮助企业在激烈的市场竞争中获得优势。

在实践启示方面，本书的研究结论可以为新时期深化国有企业改革、完善国有企业法人治理结构、推动国有企业做强做优做大提供一定的经验支持，即国有企业的党组织成员以"双向进入、交叉任职"的方式参与董事会治理能够提升董事会决策的科学性，将发挥国有企业党组织的政治引领作用落实到董事会决策过程中。而且在不同金字塔层级下党组织的嵌入程度也应该是有差异的，当国有企业与实际控制人之间的金字塔层级较多时，政府干预力量较弱，董事会决策更偏好经济逻辑，实行政治治理的国有企业更可能出现董事会异议；当金字塔层级较低时，国有上市公司和最终控制人之间的层级数较少，政府对国有企业的干预较强，行政治理的程度较高，会挤出公司治理的效应，从而在董事会决策过程中出现异议的概率较低。所以应该充分放权，改革国有资产管理体制，以管资本为主推进国有资本授权经营体制建设，国家不再直接干预国有企业，而是以股东的身份履行出资人的监管职责，从而在所有权和经营权分离的情况下，实现对国家所有者权益的保护，同时最大限度地赋予企业经营自主权,但同时加强党组织的嵌入。

7.2 政策建议

本书发现国有企业政治治理在优化公司治理环境、改善董事会决策质量、提升企业价值方面发挥着积极的作用,研究结论有助于完善中国特色现代国有企业政治治理理论,为正确认识国有企业政治治理的重要作用提供有益证据,从而减少理论界和实务界对国有企业党组织参与公司治理的争议。为减轻国有企业实践中党建工作弱化、淡化、虚化和边缘化等问题,探索国有企业党组织如何以更好的方式融入公司治理体系、促进国有企业党建工作落地,本书提出如下政策建议:

第一,新时期深化国有企业改革过程中应该继续加强政治治理,而且要和推进国有企业法人治理结构建设有机结合,构建一个政治治理、行政治理和经济治理的耦合治理框架,明确不同治理主体之间的权责边界,理顺多个治理主体共同发挥作用的机制。具体而言,就是以遵循市场规律的经济治理为基础;行政治理通过国有资本授权经营体制发挥作用,政府的各个职能部门不能凭借行政权力直接干预国有企业经营,从管企业、管资产向管资本过渡;政治治理发挥领导核心和政治核心的作用,将党组织的政治优势转化为企业的核心竞争力。在这样一个国有企业耦合治理框架下,党组织、政府部门、市场发挥各自的优势,保证国有企业在实现经济价值的同时,履行好政治责任和社会责任。

第二,行政治理在相当长的一段时间内影响着国有企业董事会决策,未来应该转变行政治理方式,以管资本为主推进国有资本授权经营体制建设。本书第4章的实证研究表明,有政府背景的董事更不倾向于在董事会决策过程中发表异议;第5章的实证研究发现,当金字塔层级较低时,国有上市公司和最终控制人之间的层级数较少,政府对国有企业的干预较强,行政治理的程度较高,会挤出公司治理的效应,从而在董事会决策过程中出现异议的概率较低。因此,应该推进国有资本授权经营体制改革,政府不再直接干预国有企业,而是以股东的身份履行出资人的监管职责,从而在所有权和经营权分离的情况下,实现对国家所有者权益的保护,同时最大限度地赋予企业经营自主权。此外,从国务院到国资委到国有资本投资运营公司,再到国有企业,实行国有资本的层层委托代理,很可能产生委托代理问题,引发较高的代理成本、内部人控制风险和高管腐败等,更应注意使出资人到位,建设起国有资产监管权力和责任明晰的制度体系,设计公司治理制衡和监督机制,引入独立董事、外部董事和外部监事制度。

第三,国有企业治理实践中要将发挥国有企业党组织的政治引领作用落实到董事会决策过程中,不能让党组织虚化。本书第6章的实证研究表明,国有企业政治治理可以通过"双向进入、交叉任职"的方式影响董事会决策过程,进而提升企业价值,说明参与董事会决策是国有企业党组织发挥作用的重要渠道。此外,还要提升党组织成员的专业技能和实践经验,在了解企业的基础上才能更科学地决策,充分发挥党组织的领导核心和政治核心作用。

第四,研究过程中发现,部分国有企业的董事会决议公告并未按照中国证监会和证券交易所的相关规定执行,没有完整公开异议董事的姓名和反对、弃权理由,因而监管机构应该进一步加强对董事会决议公告的关注,要求上市公司提升信息披露的规范性。

7.3 未来展望

本书基于董事会决议公告的文本资料,主要研究了国有企业政治治理对董事会决策的影响机制,以及以此路径对企业价值的影响,打开了党组织嵌入国有企业法人治理结构、通过参与和影响董事会决策发挥作用的"黑箱",在理论框架构建、实证模型分析等方面都做出了一些有益探索,未来还可以从以下五个方面进行更深入的研究:

第一,未来的研究应该探讨国有企业内部三种治理主体如何平衡和协调的问题,即国有企业政治治理如何与经济治理、行政治理协同发挥作用,以及如何在不同的条件和情境下发挥作用,从而更好地维护社会公共利益。

第二，以"双向进入、交叉任职"为主要形式的国有企业政治治理是党组织和董事会的互相渗透，符合条件的董事会成员也可以进入党委会参与讨论决策，但是限于暂时无法通过公开渠道获取党委会的会议记录，本书在研究过程中分析了党组织成员进入董事会参与决策给国有企业带来的影响，未来还可以通过调研访谈或多案例研究等质性方法分析董事会成员进入党委会对企业决策产生的影响，还可以研究党组织与监事会或者经理层的"双向进入、交叉任职"对国有企业的影响。

第三，本书的实证研究考察了董事会成员是否发表异议（反对、弃权），在变量设置过程中将其处理成 0-1 变量，但董事基于何种原因对相关议案发表反对或弃权意见本书未做分析，赵子夜等（2014）、范合君等（2017）还分析了独立董事在委婉履职过程中的文字情感信息。因此，基于董事会成员发表异议的理由，分析董事异议所传递的文字信号，对于深入研究国有企业政治治理发挥作用的机制具有重要意义，也是未来可以进一步拓展的研究方向。

第四，限于讨论前置制度 2015 年才开始在中央国有企业实施，导致本书的样本量在讨论前置实施前后差异较大，因此，国有企业重大决策事项"讨论前置"的制度安排发挥作用的效果还有待未来进一步检验。

第五，由于国有企业在股权结构、市场结构和规模范围以及国际化程度等方面都存在较大的差异，本书虽然控制了总资产净利润率、资产负债率等公司财务特征变量，和股权制衡度、管理层持股比例、机构投资者持股比例、董事会规模、董事会独立性、董事会会议次数等公司治理特征变量，但未考虑国有企业分类改革、混合所有制改革等的影响，未来的研究可以进一步探讨国有企业政治治理在不同类别国有企业中发挥作用的差异。

参考文献

[1] AGRAWAL A, CHADHA S. Corporate governance and accounting scandals [J]. Journal of law & economics, 2005, 48 (2): 371-406.

[2] AGRAWAL A, KNOEBER C R. Do some outside directors play a political role? [J]. Journal of law and economics, 2000, 44 (1): 179-198.

[3] ALFORD R R, FRIEDLAND R. Powers of theory: capitalism, the state, and democracy [M]. Cambridge: Cambridge University Press, 1985.

[4] BERGH D D, CONNELLY B L, KETCHEN D J, ET AL. Signalling theory and equilibrium in strategic management research: an assessment and a research agenda [J]. Journal of management studies, 2014, 51 (8): 1334-1360.

[5] BRICK I E, CHIDAMBARAN N K. Board meetings, committee structure, and firm value [J]. Journal of corporate finance, 2010, 16 (4): 533-553.

[6] BRICKLEY J A, JAMES C M. The takeover market, corporate board composition, and ownership structure: the case of banking [J]. The journal of law and economics, 1987, 30 (1): 161-180.

[7] CARTER S M. The interaction of top management group, stakeholder, and situational factors on certain corporate reputation management activities [J]. Journal of management studies, 2006, 43 (5): 1146-1176.

[8] CERTO S T. Influencing initial public offering investors with prestige: signaling with board structures [J]. The academy of management review, 2003, 28 (3): 432-446.

[9] CHANG E C, WONG S M L. Political control and performance in China's listed firms [J]. Journal of comparative economics, 2004, 32 (4): 617-636.

[10] CONNELLY B L, HOSKISSON R E, TIHANYI L, et al. Ownership as a

form of corporate governance [J]. Journal of management studies, 2010, 47 (8): 1561-1589.

[11] COX T H, BLAKE S. Managing cultural diversity: implications for organizational competitiveness [J]. The executive, 1991, 5 (3): 45-56.

[12] DONALDSON T, PRESTON L E. The stakeholder theory of the corporation: concepts, evidence and implications [J]. Academy of management eview, 1995, 20 (1): 65-91.

[13] FREEMAN R E. Strategic management: a stakeholder approach [M]. Boston: Pitman, 1984.

[14] GILLETTE A B, NOE T H, REBELLO M J. Corporate board composition, protocols, and voting behavior: experimental evidence [J]. The journal of finance, 2003, 58 (5): 1997-2032.

[15] GOLL I, RASHEED A. The relationships between top management demographic characteristics, rational decision making, environmental munificence, and firm performance [J]. Organization studies, 2005, 26 (7): 999-1023.

[16] GREENWOOD R, RAYNARD M, KODEIH F. Institutional complexity and organizational responses [J]. Academy of management annals, 2011, 5 (1): 317-371.

[17] HAMBRICK D C, MASON P A. Upper echelons: the organization as a reflection of its top managers [J]. Academy of management review, 1984, 9 (2): 193-206.

[18] HERMALIN B E, WEISBACH M S. Endogenously chosen boards of directors and their monitoring of the CEO [J]. American economic review, 1998, 88 (1): 96-118.

[19] JENSEN M C. The modern industrial revolution, exit and the failure of internal control systems [J]. Journal of applied corporate finance, 1994, 6 (3): 831-880.

[20] JIANG W, WAN H, ZHAO S. Reputation concerns of independent directors: evidence from individual director voting [J]. Review of financial studies,

2016, 29 (3): 655-696.

[21] KLEIN A. Firm performance and board committee structure [J]. Journal of law and economics, 1998, 41 (1): 275-304.

[22] KOSNIK R D. Greenmail: a study of board performance in corporate governance [J]. Administrative science quarterly, 1987, 32 (2): 163-185.

[23] MA J, KHANNA T. Independent directors' dissent on boards: evidence from listed companies in China [J]. Strategic management journal, 2016, 37 (8): 1547-1557.

[24] O'REGAN K, OSTER S M. Does the structure and composition of the board matter? the case of nonprofit organizations [J]. Journal of law economics and organization, 2005, 21 (1): 205-227.

[25] PACHE A C, SANTOS F. Inside the hybrid organization: selective coupling as a response to competing institutional logics [J]. Academy of management journal, 2013, 56 (4): 972-1001.

[26] PARK Y W, SHIN H H. Board composition and earnings management in Canada [J]. Journal of corporate finance, 2004, 10 (3): 431-457.

[27] PASCUAL-FUSTER B, CRESPÍ-CLADERA R. Politicians in the boardroom: is it a convenient burden? [J]. Corporate governance: an international review, 2018, 26 (6): 448-470.

[28] PETTIGREW A M. On studying managerial elites [J]. Strategic management journal, 1992, 13 (S2): 163-182.

[29] SAWANT R J. Asset specificity and corporate political activity in regulated industries [J]. Academy of management review, 2012, 37 (2): 194-210.

[30] SHLEIFER A, VISHNY R W. A survey of corporate governance [J]. Journal of finance, 1997, 52 (2): 737-783.

[31] SPENCE M. Job market signaling [J]. The quarterly journal of economics, 1973, 87 (3): 355-374.

[32] TANG X S, DU J, HOU Q. The effectiveness of the mandatory disclosure of independent directors' opinions: empirical evidence from China [J]. Jour-

nal of accounting and public policy, 2013, 32 (3): 89-125.

［33］THORNTON P H, OCASIO W. Institutional logics and the historical contingency of power in organizations: executive succession in the higher education publishing industry, 1958-1990 ［J］. American journal of sociology, 1999, 105 (3): 801-843.

［34］WANG J Y. The political logic of corporate governance in China's state-owned enterprises ［J］. Cornell international law journal, 2008, 47 (3): 631-669.

［35］WARTHER V A. Board effectiveness and board dissent: a model of the board's relationship to management and shareholders ［J］. Journal of corporate finance, 1998, 4 (1): 53-70.

［36］WEISBACH M S. Outside directors and CEO turnover ［J］. Journal of financial economics, 1988, 20 (88): 431-460.

［37］安广实, 李泽泓. 独立董事背景与企业绩效: 基于独立董事否决意见的实证研究 ［J］. 吉林工商学院学报, 2017, 33 (2): 21-28, 44.

［38］安蓉泉. 对关系国有企业党组织的地位作用若干重要认识问题的思考 ［J］. 社会科学, 1996 (11): 25-29.

［39］查知, 王凯. 从行政型治理向经济型治理型: 新兴铸管集团的案例研究 ［J］. 冶金经济与管理, 2011 (4): 38-41.

［40］陈福今. 加强和改善党的领导, 加快国有企业改革和发展 ［J］. 求是, 1999 (22): 15-18.

［41］陈红, 胡耀丹, 纳超洪. 党组织参与公司治理、管理者权力与薪酬差距 ［J］. 山西财经大学学报, 2018, 40 (2): 84-97.

［42］陈红, 余怒涛, 戴文涛. 公司治理理论与应用研究 ［M］. 北京: 社会科学文献出版社, 2017.

［43］陈睿, 段从清, 王治. 声誉维度下薪酬对独立董事有效性的影响: 基于独立意见的经验证据 ［J］. 中南财经政法大学学报, 2016 (1): 147-156.

［44］陈世瑞. 国企党建与法人治理结构协同性初探 ［J］. 华东经济管理, 2012, 26 (1): 105-109.

［45］陈仕华, 卢昌崇. 国有企业党组织的治理参与能够有效抑制并购中

的"国有资产流失"吗？［J］.管理世界，2014（5）：106-120.

［46］程博，王菁，熊婷.企业过度投资新视角：风险偏好与政治治理［J］.广东财经大学学报，2015，30（1）：60-71.

［47］程博，王菁.法律环境、政治治理与审计收费［J］.经济管理，2014，36（2）：88-99.

［48］程博，宣扬，潘飞.国有企业党组织治理的信号传递效应：基于审计师选择的分析［J］.财经研究，2017，43（3）：69-80.

［49］池国华，王志，杨金.EVA考核提升了企业价值吗？：来自中国国有上市公司的经验证据［J］.会计研究，2013（11）：60-66，96.

［50］戴思厚.要坚持党对国有企业的政治领导权［J］.科学社会主义，1996（4）：57-60.

［51］党文娟，张宗益.独立董事的消极行为：股权集中度角度的分析［J］.求索，2010（4）：19-21.

［52］董学群.浅析党委在国有企业公司治理结构中的作用［J］.煤炭经济研究，2009（7）：56-57，72.

［53］杜巨澜，吕班尼，奥立弗.董事会里谁才敢于提出反对的意见？［J］.南大商学评论，2012，9（1）：89-122.

［54］杜兴强，殷敬伟，赖少娟.论资排辈、CEO任期与独立董事的异议行为［J］.中国工业经济，2017（12）：151-169.

［55］段成钢.国有混合所有制企业党组织的公司治理嵌入研究［J］.现代经济信息，2016（6）：45，47.

［56］段钊.企业管理理论演变机制研究［M］.广州：世界图书出版公司，2013.

［57］樊纲，王小鲁，朱恒鹏.中国市场化指数：各地区市场化相对进程2011年报告［M］.北京：经济科学出版社，2011.

［58］樊子君.政治视角下的公司治理［M］.北京：北京师范大学出版社，2011.

［59］范合君，王乐欢，张勃.独立董事委婉履职行为研究：基于清洁意见中文字情感分析视角［J］.经济管理，2017，39（11）：85-99.

[60] 高明华，杨丹，杜雯翠，等. 国有企业分类改革与分类治理：基于七家国有企业的调研 [J]. 经济社会体制比较，2014（2）：19-34.

[61] 郭姝君. 内部环境、董事会非赞成票与公司未来会计业绩 [J]. 高等财经教育研究，2018，21（1）：87-94.

[62] 郝云宏，马帅. 分类改革背景下国有企业党组织治理效果研究：兼论国有企业党组织嵌入公司治理模式选择 [J]. 当代财经，2018（6）：72-80.

[63] 胡锋，黄速建. 对国有资本投资公司和运营公司的再认识 [J]. 经济体制改革，2017（6）：98-103.

[64] 胡奕明，唐松莲. 独立董事与上市公司盈余信息质量 [J]. 管理世界，2008（9）：149-160.

[65] 黄群慧，崔建民. 国有企业党建蓝皮书：国有企业党建发展报告（2018）[M]. 北京：社会科学文献出版社，2018.

[66] 黄群慧. 新时期全面深化国有经济改革研究 [M]. 北京：中国社会科学出版社，2015.

[67] 黄速建. 国有企业改革的实践演进与经验分析 [J]. 经济与管理研究，2008（10）：20-31.

[68] 黄文锋，张建琦，黄亮. 国有企业董事会党组织治理、董事会非正式等级与公司绩效 [J]. 经济管理，2017，39（3）：6-20.

[69] 江轩宇. 政府放权与国有企业创新：基于地方国企金字塔结构视角的研究 [J]. 管理世界，2016（9）：120-135.

[70] 经济合作与发展组织（OECD）. 国家发展进程中的国企角色 [M]. 北京：中信出版社，2016.

[71] 经济合作与发展组织. 公司治理：国有企业董事会，若干国家做法的概述 [M]. 北京：经济科学出版社，2018.

[72] 赖明发. "从严治党"情境下国有企业党组织的投资治理效应分析 [J]. 商业研究，2018（4）：1-10.

[73] 蓝翔. 国企党组织在企业法人治理中的政治核心作用：以地大出版社为例 [J]. 学习月刊，2015（16）：15-17.

[74] 雷海民，梁巧转，李家军．公司政治治理影响企业的运营效率吗：基于中国上市公司的非参数检验［J］．中国工业经济，2012（9）：109-121.

[75] 李超平，徐世勇．管理与组织研究常用的60个理论［M］．北京：北京大学出版社，2019.

[76] 李俊强，郭幼佳．独立董事说"NO"的影响因素研究评述［J］．会计之友，2017（16）：60-63.

[77] 李俊强，徐丹．出具否定意见的独立董事能够连任吗？［J］．财经问题研究，2016（8）：38-43.

[78] 李瑞凯，张春旺，李芳．以市场化改革规范国有企业高管管理制度［J］．人才资源开发，2015（14）：123.

[79] 李世刚，蒋煦涵，蒋尧明．独立董事内部薪酬差距与异议行为［J］．经济管理，2019，41（3）：124-140.

[80] 李维安，郝臣．中国公司治理转型：从行政型到经济型［J］．资本市场，2009（9）：112-114.

[81] 李维安，邱艾超．国有企业公司治理的转型路径及量化体系研究［J］．科学学与科学技术管理，2010，31（9）：168-171.

[82] 李维安．演进中的中国公司治理：从行政型治理到经济型治理［J］．南开管理评论，2009，12（1）：1.

[83] 李玉福．我国企业立法分析：兼评"厂长（经理）负责制"［J］．政法论丛，1995（2）：17-20.

[84] 梁权熙，曾海舰．独立董事制度改革、独立董事的独立性与股价崩盘风险［J］．管理世界，2016（3）：144-159.

[85] 林尚立．阶级、所有制与政党：国有企业党建的政治学分析［J］．天津社会科学，2010，1（1）：53-58，82.

[86] 刘桂香，王百强，王柏平．独立董事的独立性影响因素及治理效果研究：基于董事会投票的证据［J］．科学决策，2014（1）：15-26.

[87] 刘汉民，齐宇，解晓晴．股权和控制权配置：从对等到非对等的逻辑：基于央属混合所有制上市公司的实证研究［J］．经济研究，2018，53（5）：175-189.

[88] 刘行，李小荣．金字塔结构、税收负担与企业价值：基于地方国有企业的证据［J］．管理世界，2012（8）：91-105．

[89] 柳学信．国有资本的公司化运营及其监管体系催生［J］．改革，2015（2）：23-33．

[90] 娄杰．党组织的政治核心作用是国有企业深化改革和健康发展的根本保证：关于上海汽车工业（集团）总公司党组织加强和改进企业思想政治工作的调查［J］．科学社会主义，1996（5）：76-79．

[91] 卢昌崇．公司治理机构及新、老三会关系论［J］．经济研究，1994（11）：10-17．

[92] 罗虎．中国特色现代国有企业制度创新研究：兼论中国"国企模式"的形成、内涵和发展［M］．北京：社会科学文献出版社，2016．

[93] 罗伊．公司治理的政治维度：政治环境与公司影响［M］．陈宇峰，等译．北京：中国人民大学出版社，2008．

[94] 马连福，曹春方．制度环境、地方政府干预、公司治理与IPO募集资金投向变更［J］．管理世界，2011（5）：127-139，148，188．

[95] 马连福，石晓飞．董事会会议"形"与"实"的权衡：来自中国上市公司的证据［J］．中国工业经济，2014（1）：88-100．

[96] 马连福，王佳宁．党组织嵌入国有企业治理结构的三重考量［J］．改革，2017（4）：5-13．

[97] 马连福，王元芳，沈小秀．国有企业党组织治理、冗余雇员与高管薪酬契约［J］．管理世界，2013（5）：100-115，130．

[98] 马连福，王元芳，沈小秀．中国国有企业党组织治理效应研究：基于"内部人控制"的视角［J］．中国工业经济，2012（8）：82-95．

[99] 迈尔斯．管理与组织研究必读的40个理论［M］．徐世勇，李超平等译．北京：北京大学出版社，2017．

[100] 宁向东，张颖．独立董事能够勤勉和诚信地进行监督吗：独立董事行为决策模型的构建［J］．中国工业经济，2012（1）：101-109．

[101] 宁向东．国有企业改革与董事会建设［M］．北京：中国发展出版社，2012．

[102] 钱颖一. 企业的治理结构改革和融资结构改革 [J]. 经济研究, 1995 (1): 20-29.

[103] 强舸. 国有企业党组织如何内嵌公司治理结构?: 基于"讨论前置"决策机制的实证研究 [J]. 经济社会体制比较, 2018 (4): 16-23.

[104] 邱艾超. 国有上市公司治理转型、治理要素提炼与公司绩效 [J]. 产经评论, 2014, 5 (4): 128-140.

[105] 邱宝林. 国有企业深化改革应注重政治治理 [N]. 学习时报, 2017-07-12 (002).

[106] 曲亮, 任国良. 高管政治关系对国有企业绩效的影响: 兼论国有企业去行政化改革 [J]. 经济管理, 2012, 34 (1): 50-59.

[107] 曲亮, 谢在阳, 郝云宏, 等. 国有企业董事会权力配置模式研究: 基于二元权力耦合演进的视角 [J]. 中国工业经济, 2016 (8): 127-144.

[108] 全怡, 陈冬华. 多席位独立董事的精力分配与治理效应: 基于声誉与距离的角度 [J]. 会计研究, 2016 (12): 29-36, 95.

[109] 任广乾, 田野. 党组织参与国有企业公司治理的作用机理剖析 [J]. 财会月刊, 2018 (7): 11-16.

[110] 宋成珍. 改革行政型集团治理提高国有企业集团治理绩效 [J]. 改革与战略, 2004 (11): 105-108.

[111] 孙文. 央企控股上市公司董事会治理有效性研究 [M]. 北京: 人民日报出版社, 2018.

[112] 唐方方, 高玥. 中国独立董事投票激励研究 [J]. 云南社会科学, 2013 (4): 59-63.

[113] 唐清泉, 罗党论. 设立独立董事的效果分析: 来自中国上市公司独立董事的问卷调查 [J]. 中国工业经济, 2006 (1): 120-127.

[114] 唐雪松, 申慧, 杜军. 独立董事监督中的动机: 基于独立意见的经验证据 [J]. 管理世界, 2010 (9): 138-149.

[115] 涂智苹, 宋铁波. 制度逻辑理论在组织管理研究中的应用述评与展望 [J]. 管理现代化, 2019, 39 (2): 126-129.

[116] 王兵. 独立董事监督了吗?: 基于中国上市公司盈余质量的视角

[J]．金融研究，2007（1）：109-121．

[117] 王凯，刘华，江津．官员独董给企业带来了什么？：基于《意见》出台后官员独董辞职的事件研究［J］．华东经济管理，2015，29（10）：52-60．

[118] 王凯，武立东．民营企业股权层面的政治关联效应与融资约束：制度逻辑分析视角［J］．现代财经（天津财经大学学报），2015，35（10）：33-45，79．

[119] 王利平．制度逻辑与"中魂西制"管理模式：国有企业管理模式的制度分析［J］．管理学报，2017，14（11）：1579-1586．

[120] 王世谊．国有企业党组织政治核心作用的探索：江苏部分国有企业党组织参与企业重大问题决策的调查与思考［J］．社会主义研究，2001（4）：23-25．

[121] 王小鲁，樊纲，胡李鹏．中国分省份市场化指数报告（2018）［M］．北京：社会科学文献出版社，2019．

[122] 王小鲁，樊纲，余静文．中国分省份市场化指数报告（2016）［M］．北京：社会科学文献出版社，2017．

[123] 王元芳，马连福．国有企业党组织能降低代理成本吗？：基于"内部人控制"的视角［J］．管理评论，2014，26（10）：138-151．

[124] 王智丰，袁政．委托人与代理人"行政化"对国企领导管理体制的影响研究［J］．学术研究，2011（2）：40-45．

[125] 卫兴华．以有效的党建工作促进国有企业的改革和发展［J］．高校理论战线，1997（4）：21-22．

[126] 吴金群．国有企业治理结构变迁及其政治根源（1978—2008）［J］．江海学刊，2008（3）：99-105，239．

[127] 吴秋生，王少华．党组织治理参与程度对内部控制有效性的影响：基于国有企业的实证分析［J］．中南财经政法大学学报，2018（5）：50-58，164．

[128] 武立东，薛坤坤，王凯．制度逻辑、金字塔层级与国有企业决策偏好［J］．经济与管理研究，2017，38（2）：34-43．

[129] 熊婷，程博，王菁．公司政治治理能抑制大股东掏空行为吗［J］．

贵州财经大学学报，2015（5）：82-94.

[130] 徐亲知. 论企业党组织与董事会的耦合［J］. 理论探讨，1997（1）：98-101.

[131] 徐旭红. 制衡：国有企业的法人治理［M］. 北京：中华工商联合出版社，2018.

[132] 徐祯，陈亚民. 我国上市公司独立董事"用手投票"行为研究［J］. 华东经济管理，2018，32（5）：140-148.

[133] 薛有志，李立超. 从行政型政府治理到市场型公司治理：国有企业改革过程的一种理论解释［J］. 长春市委党校学报，2002（2）：26-31.

[134] 严继超，程秀生. 行政型治理向经济型治理演进的经济学分析：基于国有企业利益相关者博弈的视角［J］. 经济与管理研究，2010（6）：109-114.

[135] 严若森，吏林山. 党组织参与公司治理对国企高管隐性腐败的影响［J］. 南开学报（哲学社会科学版），2019（1）：176-190.

[136] 杨瑞龙，王元，聂辉华. "准官员"的晋升机制：来自中国央企的证据［J］. 管理世界，2013（3）：23-33.

[137] 杨宇立，沈桂龙. 当前公司治理结构中政治核心作用的实证研究：以上海汽车集团公司为个案的分析［J］. 上海经济研究，2006（12）：91-94.

[138] 姚洋，席天扬. 中国新叙事：中国特色政治、经济体制的运行机制分析［M］. 上海：格致出版社，上海人民出版社，2018：5.

[139] 叶康涛，祝继高，陆正飞，等. 独立董事的独立性：基于董事会投票的证据［J］. 经济研究，2011，46（1）：126-139.

[140] 叶青，赵良玉，刘思辰. 独立董事"政商旋转门"之考察：一项基于自然实验的研究［J］. 经济研究，2016，51（6）：98-113.

[141] 于文超，李任玉，何勤英. 国有企业高管参政议政、政治激励与过度投资［J］. 经济评论，2012（6）：65-73.

[142] 余怒涛，尹必超. 党组织参与公司治理了吗？：来自中央企业监事会党组织治理的证据［J］. 中国会计评论，2017，15（1）：67-88.

[143] 张蔚萍. 关于坚持党对国有企业的政治领导权问题［J］. 理论前沿，1999（18）：7-10.

[144] 张云. 独立董事抑制控股股东"掏空"作用探析：来自董事会投票的证据 [J]. 内江师范学院学报, 2015, 30 (8)：33-39.

[145] 张祖忠, 杜贤铁. 现代企业制度与国有企业党组织政治核心作用 [J]. 南京社会科学, 2000 (S2)：109-111.

[146] 赵子夜. "无过"和"有功"：独立董事意见中的文字信号 [J]. 管理世界, 2014 (5)：131-141, 188.

[147] 郑寰, 祝军. 也论党的领导与国有企业公司治理的完善：中国国有企业公司治理的政治维度 [J]. 经济社会体制比较, 2018 (2)：123-129.

[148] 郑石明. 公司治理中的政府角色研究 [M]. 北京：经济管理出版社, 2012.

[149] 郑志刚, 李俊强, 黄继承, 等. 独立董事否定意见发表与换届未连任 [J]. 金融研究, 2016 (12)：159-174.

[150] 郑志刚, 郑建强, 李俊强. 任人唯亲的董事会文化与公司治理：一个文献综述 [J]. 金融评论, 2016, 8 (5)：48-66, 124-125.

[151] 钟原. 监督职能回归与监事会重构：党组织内嵌国有企业治理的合理路径 [J]. 大连海事大学学报（社会科学版）, 2018, 17 (4)：54-61.

[152] 仲继银. 董事会与公司治理 [M]. 北京：中国发展出版社, 2009.

[153] 周鹤龄, 谢黎萍, 张励, 等. "双向进入、交叉任职"：上海国企党建的创新实践 [J]. 上海党史与党建, 2017 (4)：23-26.

[154] 周婷婷. 国企高管腐败、风险信息与责任承担：基于党组织甄别免责动机的视角 [J]. 财贸研究, 2016, 27 (6)：122-130.

[155] 周雪光, 艾云. 多重逻辑下的制度变迁：一个分析框架 [J]. 中国社会科学, 2010 (4)：132-150, 223.

[156] 周业安, 高岭. 国有企业的制度再造：观点反思和逻辑重构 [J]. 中国人民大学学报, 2017, 31 (4)：38-47.

[157] 朱敏彦. 国有企业改革发展理论与实践的新突破：学习十五届四中全会《决定》的体会 [J]. 毛泽东邓小平理论研究, 1999 (6)：26-29.

[158] 祝继高, 叶康涛, 陆正飞. 谁是更积极的监督者：非控股股东董事还是独立董事？[J]. 经济研究, 2015, 50 (9)：170-184.

附　录

附录1：Python 爬虫程序
（用于从交易所网站下载董事会决议公告）

以下程序用于爬取上海证券交易所网站的董事会决议公告：

```python
# -*-coding:utf-8-*-

from scrapy import*
import lxml.etree as etree
fromscrapy.utils.project import get_project_settings
fromscrapy.spiders import CrawlSpider,Rule
import pymysql
import logging
import json
from pdfminer.converter import TextConverter
fromcStringIO import StringIO
from pdfminer.pdfparser import PDFParser
from pdfminer.pdfdocument import PDFDocument
from pdfminer.pdfpage import PDFPage
from pdfminer.pdfpage import PDFTextExtractionNotAllowed
from pdfminer.pdfinterp import PDFResourceManager
from pdfminer.pdfinterp import PDFPageInterpreter
from pdfminer.layout import *
```

```
from pdfminer.converter import PDFPageAggregator

from pdfminer.pdfdevice import PDFDevice

import os
# import StringIO
from cStringIO import StringIO
import datetime
import time
import hashlib
log = logging.getLogger('main spider')

class jcad_spider(CrawlSpider):
    name = 'sse'

    idset = set()
    pageset = set()
    # 爬虫开始前,先连上数据库,查出库中已经有多少数据,放在 idset 集合中
    def __init__(self, category=None, *args, **kwargs):
        super(jcad_spider, self).__init__(*args, **kwargs)
        settings = get_project_settings()
        ip = settings['MYSQL_IP']
        port = settings['MYSQL_PORT']
        db = settings['MYSQL_DB']
        user = settings['MYSQL_USER']
        passwd = settings['MYSQL_PWD']
        table = settings['MYSQL_TB']
        conn = pymysql.connect(host=ip, user=user, passwd=passwd, db=
```

```
db,charset="utf8")
        cursor=conn.cursor()
        sql="SELECT id FROM "+table
        #param=(cs,)
        cursor.execute(sql)#,param)
        result=cursor.fetchall()
        for row in result:
            self.idset.add(row[0])
        log.info('====count in mysql===')
        log.info(str(len(self.idset)))

        cursor=conn.cursor()
        sql="SELECT page FROM "+table
        #param=(cs,)
        cursor.execute(sql)   #,param)
        result=cursor.fetchall()
        for row in result:
            self.pageset.add(row[0])
        log.info('====page in mysql===')
        log.info(str(len(self.pageset)))

        cursor.close()
        conn.close()

    def start_requests(self):
        log.info('========start_requests===========')
        request_list=[]
        for p in range(1,9996):
            if str(p) not in self.pageset:
```

```
url='http://query.sse.com.cn//search/getSearchResult.do?search=
qwjs&jsonCallBack=jQuery11120141285676989705 73_1542857805770&page=
'+str(p)+'&searchword=T_L+CTITLE+T_D+E_KEYWORDS+T_JT_E+T_L%E8%
91%A3%E4%BA%8B%E4%BC%9A*%E5%86%B3%E8%AE%AET_R++and+
cchannelcode+T_E+T_L0T_D8311T_D8348T_D8349T_D8365T_D8415T_D9856T_
D9860T_D9862T_D8703T_D8828T_D8834T_D88888888T_DT_RT_R&orderby=-
CRELEASETIME&perpage=10&_=1542857805782'

            request=Request(url,callback=self.parse_list)
            request_list.append(request)
    return request_list

def parse_list(self,response):
    log.info('========parse_category===========')
    printresponse.body
    page=response.url.split('page=')[1].split('&')[0]
log.info('===========page='+page+'==========')
    html=response.body.split('1542857805770(')[1][0:-1]
    print html
    myjson=json.loads(html)
    # printmyjson
    for data inmyjson['data']:
        item={}
        item['id']=data['DOCID']
        if item['id']not inself.idset:
            item['fmt']=data['MIMETYPE']
            item['path']=data['CURL']
            item['publish']=data['CRELEASETIME']
            item['title']=data['CTITLE_TXT']
```

```
content=data['CONTENT']
item['content']=content
print content
item['code']=data['CURL'].split('/')[-1].split('_')[0]
for tag in[u'简称',u'名称']:
    content1=content.replace('ST','####')
    if content1.find(tag)!=-1:
        item['name']=content1.split(tag)[1].strip().replace(u':',' ').replace(':','').strip().split('')[0].replace('####','ST')
        break
if item.get('name','-')=='-':
    title=item['title']
    iftitle.find('*ST')!=-1:
        item['name']=title[0:5]
    elif title.find('ST')!=-1:
        item['name']=title[0:4]
    else:
        item['name']=title[0:4]
if content.find(u'编号')!=-1:
    content1=content.replace(u'临','####')
    content1=content1.replace(u'临时','#2#2#2#2')
    content1=content1.replace(u'第','#1#1#1#1')
    content1=content1.replace(u'-','-')
    item['bianhao']=content1.split(u'编号')[1].strip().replace(u':','').replace(':','').strip().split('')[0].replace('####',u'临').replace('#1#1#1#1',u'第').replace('#2#2#2#2',u'临时')
```

```python
                    item['url']='http://www.sse.com.cn'+item
                    ['path']
                    pdfurl='http://www.sse.com.cn'+item['path']
                    settings=get_project_settings()
                    home=settings['HOME']
                    item['filename']=item['publish']+'+'+item
['code']+'+'+item['title'].replace('*','x').replace(u':','+').
replace(",")+'.'+item['fmt']
                    item['fullpath']=home+item['filename']
                    item['page']=str(page)
                    yield item
                    # if os.path.exists(item['fullpath']):
                    # print'file isisexist'

                    # else:
                    # yield Request(pdfurl,callback=self.parse_
pdf,meta={"item":item})
                else:
                    # print'has been inmysql'
                    pass


        def getbianhao(self,fullpath):
            pdftxt=self.pdf2txt(fullpath)
            # pdftxt=self.pdfparser(fullpath)
            miniitem={}
            miniitem['bianhao']=''
            miniitem['content']=''
            for tag in[u'公告编号:',u'编号:',u'Announcement No.',u'
公告编号:',u'公告编码:',u'Code:']:
```

```
        try:
            miniitem['bianhao']=
pdftxt.decode('utf-8').split(tag)[1].split('\n')[0].strip()
            if len(miniitem['bianhao'])!=0:
                break
        except Exception,e:
            print e
    if miniitem.get('bianhao','')=='':
        miniitem['content']=pdftxt
    returnminiitem


def pdf2txt(self,fullpath):

    rf=open(fullpath,'rb')
    parser=PDFParser(rf)
    # 创建 PDF 文档
    document=PDFDocument(parser)
    # 是否允许提取
    if notdocument.is_extractable:
        # raise PDFTextExtractionNotAllowed
        return''
    else:
        # 创建 PDF 资源管理器对象
        rsrcmgr=PDFResourceManager()
        # 设定参数
        laparams=LAParams()
        # 创建 PDF 设备对象
        # device=PDFDevice(rsrcmgr)
        device=PDFPageAggregator(rsrcmgr,laparams=
```

```
            laparams)
            # 创建 PDF 解释器对象
            interpreter=PDFPageInterpreter(rsrcmgr,device)
            # 处理每一页
            all_content=[]
            for page inPDFPage.create_pages(document):
                interpreter.process_page(page)
                # 接受 LTPage 对象
                layout=device.get_result()

                for x in layout:
                    if(isinstance(x,LTTextBoxHorizontal)):
    all_content.append(x.get_text().encode('utf-8'))

            return' \n'.join(self.strip_detail(all_content))

        def pdfparser(self,fullpath):

            outfile=str(int(time.time()))+'.txt'
            fp=file(fullpath,'rb')
            outfp=file(outfile,'w')
            rsrcmgr=PDFResourceManager()
            retstr=StringIO()
            codec="utf-8"
            laparams=LAParams()
            device=TextConverter(rsrcmgr,outfp,codec=codec,
laparams=laparams)
            # Create a PDF interpreter object.
            interpreter=PDFPageInterpreter(rsrcmgr,device)
```

```python
    # Process each page contained in the document.
    for page inPDFPage.get_pages(fp):
        interpreter.process_page(page)
        data=retstr.getvalue()
    print data
    device.close()
    outfp.close()
    with open(outfile,'r') as rf:
        txt=rf.read()

    return txt


def parse_pdf(self,response):
    log.info('========parse_pdf===========')
    # printresponse.body

    item=response.meta['item']
    with open(fullpath,'wb') as wf:
        wf.write(response.body)
    yield item

# 此函数的功能是把列表中的空格去掉
def strip_detail(self,txt_list):
    new_txt=[]
    for txt intxt_list:
        if txt.strip()!="":
            new_txt.append(txt.strip())
    returnnew_txt
```

以下程序用于爬取深圳证券交易所网站的董事会决议公告：

```python
# -*-coding:utf-8-*-

from scrapy import *
import lxml.etree as etree
from scrapy.utils.project import get_project_settings
from scrapy.spiders import CrawlSpider,Rule
import pymysql
import logging
import json
from pdfminer.converter import TextConverter
from cStringIO import StringIO
from pdfminer.pdfparser import PDFParser
from pdfminer.pdfdocument import PDFDocument
from pdfminer.pdfpage import PDFPage
from pdfminer.pdfpage import PDFTextExtractionNotAllowed
from pdfminer.pdfinterp import PDFResourceManager
from pdfminer.pdfinterp import PDFPageInterpreter
from pdfminer.layout import *
from pdfminer.converter import PDFPageAggregator

from pdfminer.pdfdevice import PDFDevice

import os
# import StringIO
from cStringIO import StringIO
import datetime
import time
import hashlib
```

```python
log=logging.getLogger('main spider')

class jcad_spider(CrawlSpider):
    name='szse'

    idset=set()
    # 爬虫开始前,先连上数据库,查出库中已经有多少数据,放在idset集合中
    def __init__(self,category=None,*args,**kwargs):
        super(jcad_spider,self).__init__(*args,**kwargs)
        settings=get_project_settings()
        ip=settings['MYSQL_IP']
        port=settings['MYSQL_PORT']
        db=settings['MYSQL_DB']
        user=settings['MYSQL_USER']
        passwd=settings['MYSQL_PWD']
        table=settings['MYSQL_TB']

conn=pymysql.connect(host=ip,user=user,passwd=passwd,db=db,charset="utf8")
        cursor=conn.cursor()
        sql="SELECT id FROM "+table
        # param=(cs,)
        cursor.execute(sql)#,param)
        result=cursor.fetchall()
        for row in result:
            self.idset.add(row[0])

        log.info('====count in mysql===')
```

```
            log.info(str(len(self.idset)))
            cursor.close()
            conn.close()

        def start_requests(self):
            log.info('========start_requests===========')
            request_list=[]
            for p inrange(1,305):

url='http://www.szse.cn/api/disc/announcement/annList? random=
0.8282669650930694'
                post='{"seDate":["",""],"searchKey":["董事会决
议"],"channelCode":["listedNotice_disc"],"pageSize":30,"page-
Num":'+str(p)+'}'
                 request=Request(url,method='POST',body=post,
callback=self.parse_list)
                request_list.append(request)
            return request_list


        def parse_list(self,response):
            log.info('========parse_category===========')
            myjson=json.loads(response.body)
            #printmyjson
            for data inmyjson['data']:
                item={}
                item['id']=data['id']
                if item['id']not inself.idset:
                    item['path']=data['attachPath']
                    item['fmt']=data['attachFormat']
```

```
                item['publish']=data['publishTime'].split('')[0]
                item['code']=data['secCode'][0]
                item['name']=data['secName'][0]
                item['fmt']=data['attachFormat']
                item['title']=data['title']

item['url']='http://www.szse.cn/disclosure/listed/bulletinDetail/index.html?'+item['id']
                pdfurl='http://disc.static.szse.cn'+item['path']
                settings=get_project_settings()
                home=settings['HOME']
                if item['fmt']in['pdf','PDF']:
                    item['filename']=item['publish']+'+'+
item['code']+'+'+item['title'].replace('*','x').replace(u':',
'+').replace(',','')+'.pdf'
                else:
                    item['filename']=item['publish']+'+'+
item['code']+'+'+item['title'].replace('*','x').replace(u':',
'+').replace(',','')+'.txt'
                item['fullpath']=home+item['filename']
                if os.path.exists(item['fullpath']):
                    print'file isisexist'
                try:
                    miniitem=self.getbianhao(item
                        ['fullpath'])
                    item['bianhao']=miniitem['bianhao']
                    item['content']=miniitem['content']
                except Exception,e:
                    print e
```

```
                    yield item
                else:
                    yield
Request(pdfurl,callback=self.parse_pdf,meta={"item":item})
            else:
                # print'has been inmysql'
                pass


    def getbianhao(self,fullpath):
        if fullpath.endswith('pdf')or fullpath.endswith('PDF'):
            pdftxt=self.pdf2txt(fullpath)
        else:
            pdftxt=''
            with open(fullpath,'r')as rf:
                pdftxt=rf.read()
        # pdftxt=self.pdfparser(fullpath)
        miniitem={}
        miniitem['bianhao']=''
        miniitem['content']=''
        for tag in[u'公告编号:',u'编号:',u'Announcement No.',
u'公告编号:',u'公告编码:',u'Code:',u'公告编号:',u'公告编码:',u'
公告编号',u'公告编号:',u'编号:',u'公公告告编编号号;;',u'编号']:
            try:
                miniitem['bianhao']=
pdftxt.decode('utf-8').split(tag)[1].strip().split('\n')[0].strip()
                if len(miniitem['bianhao'])!=0:
                    break
            except Exception,e:
                print e
```

```python
        if len(miniitem.get('bianhao',"))>=48:
            miniitem['bianhao']="
        if miniitem.get('bianhao',")==":
            miniitem['content']=pdftxt
    return miniitem

def pdf2txt(self,fullpath):
    rf=open(fullpath,'rb')
    parser=PDFParser(rf)
    # 创建 PDF 文档对象
    document=PDFDocument(parser)
    # 是否允许提取
    if not document.is_extractable:
        # raise PDFTextExtractionNotAllowed
        return"
    else:
        # 创建一个 PDF 资源管理器对象
        rsrcmgr=PDFResourceManager()
        # 设定参数
        laparams=LAParams()
        # 创建 PDF 设备对象
        # device=PDFDevice(rsrcmgr)
        device=PDFPageAggregator(rsrcmgr,laparams=laparams)
        # 创建 PDF 解释器对象
        interpreter=PDFPageInterpreter(rsrcmgr,device)
        # 处理每一页
        all_content=[]
        for page in PDFPage.create_pages(document):
            interpreter.process_page(page)
```

```python
# 接受LTPage对象
layout = device.get_result()

for x in layout:
    if(isinstance(x, LTTextBoxHorizontal)):
        all_content.append(x.get_text().encode('utf-8'))

return '\n'.join(self.strip_detail(all_content))

def pdfparser(self, fullpath):

    outfile = str(int(time.time())) + '.txt'
    fp = file(fullpath, 'rb')
    outfp = file(outfile, 'w')
    rsrcmgr = PDFResourceManager()
    retstr = StringIO()
    codec = "utf-8"
    laparams = LAParams()
    device = TextConverter(rsrcmgr, outfp, codec=codec, laparams=laparams)
    # Create a PDF interpreter object.
    interpreter = PDFPageInterpreter(rsrcmgr, device)
    # Process each page contained in the document.
    for page in PDFPage.get_pages(fp):
        interpreter.process_page(page)
        data = retstr.getvalue()
    print data
    device.close()
    outfp.close()
```

```python
    with open(outfile,'r') as rf:
        txt=rf.read()

    return txt

def parse_pdf(self,response):
    log.info('========parse_pdf============')
    # printresponse.body

    item=response.meta['item']

    fullpath=item['fullpath']
    print fullpath
    if item['fmt'] in ['pdf','PDF']:
        with open(fullpath,'wb') as wf:
            wf.write(response.body)

    else:
        root=etree.HTML(response.body)
        txt=' \n'.join(self.strip_detail(root.xpath
        ('//text()')))
        with open(fullpath,'w') as wf:
            wf.write(txt.encode('utf-8'))

    miniitem=self.getbianhao(fullpath)
    item['bianhao']=miniitem['bianhao']
    item['content']=miniitem['content']
    yield item
```

```
# 编号：
# try:
# pdftxt=self.pdf2txt(response.body)
# item['bianhao']=pdftxt.decode('utf-8').split(u'公告编号：')[1].split('\n')[0].strip()
#
# print item['bianhao']
# except IndexError,ie:
# try:
# print'===except==='
# printie
# item['bianhao']=pdftxt.decode('utf-8').split(u'编号：')[1].split('\n')[0].strip()
# except IndexError,ie2:
# item['bianhao']=pdftxt.decode('utf-8').split(u'Announcement No.')[1].split('\n')[0].strip()

# 此函数的功能是把列表中的空格去掉
def strip_detail(self,txt_list):
    new_txt=[]
    for txt intxt_list:
        if txt.strip()!="":
            new_txt.append(txt.strip())
    returnnew_txt
```

附录2：正则表达式
（用于筛选董事会决议中是否有董事异议）

```python
import xlrd
import xlwt
import xlutils
from xlutils.copy import copy
import re
import shutil


from pdfminer.pdfparser import PDFParser
from pdfminer.pdfdocument import PDFDocument
from pdfminer.pdfpage import PDFPage
from pdfminer.pdfpage import PDFTextExtractionNotAllowed
from pdfminer.pdfinterp import PDFResourceManager
from pdfminer.pdfinterp import PDFPageInterpreter
from pdfminer.pdfdevice import PDFDevice
from pdfminer.layout import LAParams,LTTextBoxHorizontal
from pdfminer.converter import PDFPageAggregator

xls_path='D:/home/szse_all.xls'

rb=xlrd.open_workbook(xls_path)
rb_sheet=rb.sheet_by_index(0)

wb=copy(rb)
wb_sheet=wb.get_sheet(0)
```

```python
def judge():
    for i in range(1,rb_sheet.nrows):
        print(i)
        txt_path=rb_sheet.cell(i,4).value
        # print(txt_path)
        select_content=[]
        with open(txt_path,'r',encoding='utf-8') as f:
            string=f.read()
            # print(string)
            count_qi=string.count('弃')
            count_fan=string.count('反')
            count_key1=count_fan+count_qi

            if(count_key1==0):
                result_write(i,'否')
                print('无反弃')
                continue

            count_shengfan=string.count('生反')
            count_shifan1=string.count('士反')
            count_shifan2=string.count('事反')
            count_dongfan=string.count('董反')
            count_shengqi=string.count('生弃')
            count_shiqi1=string.count('士弃')
            count_shiqi2=string.count('事弃')
            count_dongqi=string.count('董弃')
            count_key2=count_shengfan+count_shifan1+count_shifan2+count_dongfan+count_shengqi+count_shiqi1+count_shiqi2+count_dongqi
```

```
count_liyou=string.count('理由')
count_yuanyin=string.count('原因')
count_taichang=count_liyou+count_yuanyin

if(count_taichang!=0):
    result_write(i,'是')
    print('有理由')
    continue

select_content=re.findall(r'(?<=[\,\、\;\;\。\.])[\s\S]{0,3}[反弃][\s\S]{0,4}(?=[\,\、\;\;\。\.])',string) # 缩小范围到4。是全对,否错187

if(count_key2!=0):
    print('有先生反弃情况出现')
    for content inselect_content:
        if re.search(r'[0-9]',content):
            print('N位先生反弃')
            break
        else:
            result_write(i,'是')

# 解决某些空列表不能进入循环体!
select_content.append('0')
print('符合条件的全部集合:'+str(select_content))

for content inselect_content:
    # print(content)
    # print(re.search(r'[1-9]',content))
```

```
            if re.search(r'[1-9]',content):
                result_write(i,'是')
                print('有非0数字')
                break
            else:
                result_write(i,'否')
                continue

        print('辅助判断否')    # 如果出现多个是否,以第一个为准
        continue

def result_write(i,string):
    wb_sheet.write(i,5,string)
    wb.save(xls_path)

def pdf2txt():
    for i in range(1,rb_sheet.nrows):
        pdf_path=rb_sheet.cell(i,2).value[8:]
        if pdf_path.endswith('txt'):
            txt_store='C:/data/txt/'+str(i)+' '+pdf_path[13:-4]+'.txt'
            shutil.copy(pdf_path,txt_store)
            wb_sheet.write(i,4,txt_store)
            wb.save(xls_path)
            print(i)
            continue

        # print(pdf_path)
        fp=open(pdf_path,'rb')
```

```python
# 创建文档分析器
parser = PDFParser(fp)
# 创建 PDF 文档对象
doc = PDFDocument(parser)
# 连接分析器和文档对象
parser.set_document(doc)

# 创建 PDF 资源管理器
rsrcmgr = PDFResourceManager()
# Set parameters for analysis.
laparams = LAParams()
# Create a PDF page aggregator object.
device = PDFPageAggregator(rsrcmgr, laparams=laparams)
# 创建 PDF 解释器对象
interpreter = PDFPageInterpreter(rsrcmgr, device)
# 建立 content
# 循环遍历
all_content = []
for page in PDFPage.create_pages(doc):
    interpreter.process_page(page)
    # 接受 LTPage 对象
    layout = device.get_result()
    for x in layout:
        if(isinstance(x, LTTextBoxHorizontal)):
            all_content.append(x.get_text())
txt_store = 'C:/data/txt/' + str(i) + '_' + pdf_path[13:-4] +'.txt'
wb_sheet.write(i, 4, txt_store)
wb.save(xls_path)
```

```python
        with open(txt_store,'w',encoding='utf-8') as f:
            results=str(all_content)
            print(results)
            f.write(results)
        print(i)


def delete_space_n():
    fori in range(1,rb_sheet.nrows):
        txt_path=rb_sheet.cell(i,4).value
        txt_content=''
        with open(txt_path,'r',encoding='utf-8') as f:
            for line in f:
                newline=line.replace(' \n','').replace(' \\n','').replace(' \\','').replace(' \t','').replace(" ",'').strip()
                # print(newline)
                txt_content+=newline
        with open(txt_path,'w',encoding='utf-8') as f:
            f.write(str(txt_content))
        # print(str(txt_content))
        print('第'+str(i)+'个文件的空格处理完啦！')


if __name__=='__main__':
    # pdf2txt()
    # delete_space_n()
    judge()
```